Apéros dînatoires

hachette
PRATIQUE

Sommaire

POUR 20 BROCHETTES
PRÉPARATION : 10 MIN
RÉFRIGÉRATION : 30 MIN
DIFFICULTÉ : TRÈS FACILE
COÛT : BON MARCHÉ

Melon, pastèque et menthe marinés au porto

- *1 melon de Cavaillon*
- *1 tranche de pastèque*
- *15 cl de porto rouge*
- *1 brin de menthe*
- *20 piques à brochettes*
- *Cuillère parisienne*

■ Coupez le melon en deux, retirez les graines. À l'aide d'une cuillère parisienne, formez 40 billes de melon et 40 billes de pastèque.

■ Sur les piques à brochettes, enfilez 2 billes de melon et 2 billes de pastèque en alternant les couleurs. Disposez-les dans un plat et arrosez-les de porto. Laissez reposer 30 min au réfrigérateur.

■ Pendant ce temps, coupez en très fines lamelles les feuilles de menthe. Au moment de servir, sortez les brochettes de la marinade, posez-les sur une grande assiette et parsemez-les de menthe.

POUR 20 BROCHETTES
PRÉPARATION : 10 MIN
DIFFICULTÉ : TRÈS FACILE
COÛT : BON MARCHÉ

Tomates confites, mozzarella di buffala

- *20 pétales de tomates confites ou séchées*
- *20 petites boules de mozzarella di buffala (en supermarchés)*
- *20 olives noires à la grecque dénoyautées*
- *20 piques à brochettes*

■ Égouttez tous les ingrédients.

■ Sur chaque pique, enfilez 1 pétale de tomate, 1 boule de mozzarella et 1 olive noire. Servez immédiatement.

CONSEIL

Si vous ne servez pas immédiatement ces brochettes, posez-les sur du papier absorbant car la mozzarella a tendance à perdre de l'eau.

POUR 20 BROCHETTES
PRÉPARATION : 15 MIN
CUISSON : 5 MIN
DIFFICULTÉ : TRÈS FACILE
COÛT : BON MARCHÉ

Crevettes, mangue et tomates cerise

- *20 crevettes crues décortiquées*
- *10 tomates cerise*
- *1/2 mangue*
- *1 brin de basilic thaï (à défaut, du basilic normal)*
- *1 cuil. à soupe d'huile d'olive pour la cuisson*
- *Sel, poivre*
- *20 piques à brochettes*

■ Faites chauffer l'huile d'olive dans une poêle. Ajoutez les crevettes et laissez-les cuire 2 à 3 min en remuant fréquemment. Salez et poivrez.

■ Coupez les tomates en deux. Coupez la chair de la mangue en 20 cubes. Sur les piques, enfilez 1 demi-tomate par le côté plat, 1 crevette, puis 1 cube de mangue. Coupez en très fines lamelles le basilic et parsemez-en les brochettes avant de servir.

POUR 20 BROCHETTES
PRÉPARATION : 15 MIN
CUISSON : 10 MIN
DIFFICULTÉ : TRÈS FACILE
COÛT : BON MARCHÉ

Poulet au colombo et ananas

- *1 blanc de poulet (200 g environ)*
- *1 cuil. à café de poudre de colombo*
- *10 tomates cerise*
- *1/4 d'ananas*
- *2 brins de coriandre*
- *1 cuil. à soupe d'huile d'olive pour la cuisson*
- *Sel, poivre*
- *20 piques à brochettes*

■ Faites chauffer l'huile d'olive dans une poêle. Ajoutez le blanc de poulet et faites-le cuire 5 min de chaque côté. Salez, poivrez et saupoudrez de colombo. Coupez ensuite le poulet en 20 cubes.

■ Coupez les tomates en deux. Ôtez l'écorce de l'ananas et détaillez-le en tranches épaisses, puis coupez chaque tranche en deux pour obtenir 20 morceaux. Sur chaque pique, enfilez 1 demi-tomate par le côté plat, puis 1 cube de poulet et 1 quartier d'ananas. Coupez très finement la coriandre et parsemez-en les brochettes avant de servir.

POUR 20 BROCHETTES
PRÉPARATION : 15 MIN
DIFFICULTÉ : TRÈS FACILE
COÛT : RAISONNABLE

Foie gras
et abricots moelleux

- *20 abricots moelleux*
- *200 g de foie gras mi-cuit*
- *Poivre du moulin,*
  fleur de sel
- *20 piques à brochettes*

■ Coupez les abricots dans l'épaisseur mais sans aller jusqu'au bout pour ne pas séparer les moitiés. Dénoyautez-les. Coupez le foie gras en 20 petits cubes.

■ Farcissez chaque abricot de foie gras, puis enfilez-les sur les piques. Poivrez, salez et servez aussitôt.

POUR 20 BROCHETTES
PRÉPARATION : 5 MIN
DIFFICULTÉ : TRÈS FACILE
COÛT : RAISONNABLE

Canard fumé et figues

- *20 tranches de canard fumé*
- *5 figues noires*
- *Poivre du moulin*
- *20 piques à brochettes*

■ Retirez le gras du canard. Coupez les figues en quatre, après avoir retiré le pédoncule.

■ Enroulez chaque quartier de figue dans une tranche de canard, puis enfoncez-le sur une pique.

■ Procédez ainsi jusqu'à épuisement des ingrédients. Poivrez et servez aussitôt.

CONSEILS

Servez les brochettes très rapidement car les figues s'oxydent vite. Vous pouvez également jouer sur la présentation et simplement alterner les tranches de canard fumé et les figues sur les piques à brochettes.

POUR 20 BROCHETTES
PRÉPARATION : 15 MIN
DIFFICULTÉ : TRÈS FACILE
COÛT : RAISONNABLE

Canard séché et oranges

- *20 tranches de canard séché*
- *2 oranges*
- *2 cuil. à soupe d'huile de noix*
- *Poivre du moulin*
- *20 piques à brochettes*

■ Retirez le gras du canard. À l'aide d'un couteau, coupez les bouts ronds des oranges, puis pelez-les à vif : veillez à ne laisser aucune trace de peau blanche sur la chair. Détachez ensuite les segments.

■ Enroulez les segments d'oranges de tranches de canard et enfoncez-les sur les piques. Poivrez, versez quelques gouttes d'huile de noix sur chaque petite brochette et servez aussitôt.

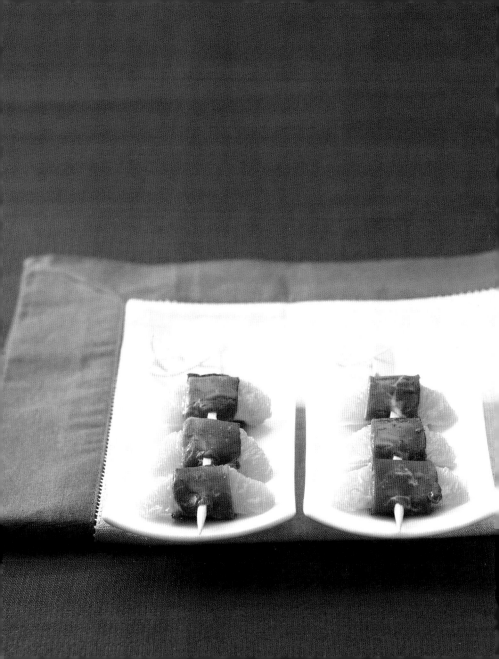

POUR 20 BROCHETTES
PRÉPARATION : 15 MIN
DIFFICULTÉ : TRÈS FACILE
COÛT : RAISONNABLE

Raisins, fromage et bresaola

– 10 tranches de bresaola
– 150 g de gruyère suisse
– 20 grains de raisin noir
– Poivre du moulin
– 20 piques à brochettes

■ Coupez les tranches de bresaola en deux. Roulez-les. Détaillez le fromage en cubes.

■ Enfilez dans l'ordre sur les piques : le raisin, le fromage et la bresaola. Poivrez et servez aussitôt.

VARIANTES

Vous pouvez remplacer la bresaola par de la coppa, de la viande des Grisons ou encore du bacon.

POUR 32 BRIOUATS
PRÉPARATION : 5 MIN
CUISSON : 15 MIN
DIFFICULTÉ : FACILE
COÛT : RAISONNABLE

Briouats au poisson

- *8 feuilles de brick*
- *100 g de filets de merlan*
- *32 petites crevettes cuites*
- *2 branches de coriandre*
- *2 branches de persil*
- *2 gousses d'ail*
- *1 blanc d'œuf*
- *1/4 de cuil. à café de cumin*
- *1/4 de cuil. à café de poudre de piment doux*
- *2 cuil. à soupe d'huile d'olive*
- *Sel, poivre*

■ Hachez les filets de merlan crus dans un mixeur. Pelez et hachez l'ail, décortiquez les crevettes, lavez et hachez finement le persil et la coriandre.

■ Dans un récipient, mélangez les crevettes, le poisson, l'ail, 1 cuil. à soupe de persil et de coriandre. Ajoutez le piment et le cumin. Salez et poivrez.

■ Faites chauffer l'huile dans une poêle. Versez-y la préparation et laissez-la revenir pendant 3 min.

■ Coupez chaque feuille de brick en quatre. Déposez un peu de farce sur le grand côté du triangle, rabattez les côtés et roulez de façon à former un cigare. Soudez avec le blanc d'œuf.

■ Faites dorer les briouats dans l'huile chaude pendant environ 10 min. Égouttez sur un papier absorbant et servez chaud.

CONSEIL

Lorsque vous roulez les briouats, incorporez une crevette à chacun, à l'extérieur de la farce. On la verra par transparence.

POUR 80 TRIANGLES
PRÉPARATION : 1 H
CUISSON : 50 MIN
DIFFICULTÉ : FACILE
COÛT : BON MARCHÉ

Bstells au fromage

- *40 feuilles de brick*
- *4 gros œufs*
- *1 œuf moyen*
- *200 g de gruyère râpé*
- *1 sachet de purée en flocons*
- *Huile pour la friture*
- *Sel, poivre*

■ Portez à ébullition une casserole d'eau. Déposez-y les 4 œufs et faites-les cuire 10 min. Laissez-les refroidir avant de les écaler.

■ Dans un plat creux, préparez la purée comme indiqué sur la boîte, mais en n'utilisant que de l'eau. Salez et poivrez.

■ Hachez les œufs durs avec un grand couteau, puis incorporez-les à la purée chaude. Ajoutez le gruyère râpé et le jaune de l'œuf restant, dont vous mettrez le blanc de côté. Mélangez soigneusement la préparation. Goûtez et rectifiez l'assaisonnement.

■ Coupez les feuilles de brick en deux et formez des triangles. Farcissez chaque moitié de feuille d'un peu de mélange au fromage et repliez les bords de pâte pour fermer le triangle. Soudez-les ensuite avec le blanc d'œuf.

■ Dans une poêle, faites chauffer l'huile de friture avant d'y plonger les bstells. Faites-les frire sur les 2 faces pendant 4 min par poêlée de 8 bstells. Égouttez-les sur un papier absorbant. Servez bien chaud.

POUR 35 PETITES
COROLLES
PRÉPARATION : 25 MIN
CUISSON : 2 MIN
DIFFICULTÉ : FACILE
COÛT : BON MARCHÉ

Corolles de thon aux câpres

- *5 feuilles de brick*
- *Le jus de 1/2 citron*
- *150 g de thon au naturel en boîte*
- *3 cuil. à café de câpres*
- *3 cuil. à soupe de mayonnaise légère*
- *2 cuil. à soupe d'huile de tournesol*
- *Sel, poivre*

■ Préchauffez le four à 220 °C (th. 7-8). Dans chaque feuille de brick, découpez 7 disques de 8 cm de diamètre environ, à l'aide d'une tasse ou d'un bol.

■ Badigeonnez les disques d'huile avec un pinceau et posez-les dans des petits ramequins allant au four.

■ Enfournez et laissez les disques dorer 2 min. Sortez-les du four et laissez-les refroidir dans les ramequins. Retirez-les ensuite très délicatement pour ne pas les briser.

■ Dans un saladier, mélangez le thon émietté, les câpres, la mayonnaise et mouillez avec le jus de citron. Salez et poivrez.

■ Remplissez les corolles avec la préparation et décorez d'une câpre.

POUR 6 PERSONNES
PRÉPARATION : 30 MIN
CUISSON : 15 MIN
DIFFICULTÉ : FACILE
COÛT : BON MARCHÉ

Nems

- 6 feuilles de brick
- 200 g d'escalope de dinde
- 200 g de germes de soja
- 1 carotte
- 1 oignon
- 1 blanc d'œuf
- 50 g de champignons noirs
- 2 cuil. à soupe d'huile de tournesol
- Huile pour la friture
- Nuoc-mam
- Piment en poudre
- Vinaigre
- Sel, poivre

■ Épluchez et râpez très finement la carotte et coupez l'oignon en lamelles très fines. Coupez l'escalope de dinde en fines lamelles.

■ Réhydratez les champignons et émincez-les. Rincez les germes de soja et égouttez-les.

■ Dans une poêle, faites revenir la dinde 2 à 3 min dans l'huile de tournesol. Ajoutez les légumes. Salez et poivrez. Faites cuire encore 3 min. Laissez refroidir.

■ Coupez les feuilles de brick en deux. Disposez une bonne cuillerée de préparation à environ 5 cm du bord de la feuille. Rabattez les côtés et roulez la feuille. Soudez avec le blanc d'œuf.

■ Faites chauffer l'huile de friture dans une poêle et faites-y dorer les rouleaux 5 min en les retournant. Égouttez-les sur un papier absorbant. Servez chaud avec une sauce au nuoc-mam délayée dans un peu d'eau et relevée de quelques gouttes de vinaigre et d'une pincée de piment en poudre.

**POUR 60 PETITS
PAPILLONS**
PRÉPARATION : 25 MIN
CUISSON : 30 MIN
DIFFICULTÉ : FACILE
COÛT : RAISONNABLE

Papillons
au pâté de foie

- *30 feuilles de brick*
- *500 g de foies de volaille*
- *2 oignons moyens*
- *6 branches de persil*
- *5 gousses d'ail*
- *3 œufs*
- *1 feuille de laurier*
- *3 cuil. à soupe d'huile
  d'olive*
- *Huile pour la friture*
- *Sel, poivre*

■ Nettoyez très soigneusement les foies de volaille et rincez-les. Pelez les gousses d'ail et les oignons. Lavez le persil.

■ Dans une casserole, versez l'huile d'olive, faites revenir les foies de volaille, les oignons, l'ail, le persil et la feuille de laurier. Salez et poivrez.

■ Lavez les œufs et déposez-les dans la casserole avec les foies. Recouvrez d'eau et laissez cuire à couvert et à feu vif pendant 10 min.

■ Écalez les œufs et mixez-les avec les foies et tous les ingrédients. Vous pouvez mettre de côté un peu d'eau de cuisson pour mouiller le pâté.

■ Coupez les feuilles de brick en deux. Déposez au centre de chaque demi-feuille 1 cuil. à café de pâté de foie. Pliez en deux et formez un nœud en passant une extrémité de la feuille sous l'autre.
Faites chauffer l'huile de friture dans une poêle et jetez-y les papillons par quatre. Retournez-les régulièrement et laissez-les dorer 4 min. Égouttez-les sur un papier absorbant. Servez chaud.

POUR 6 BRICKS
PRÉPARATION : 5 MIN
CUISSON : 40 MIN
DIFFICULTÉ : FACILE
COÛT : BON MARCHÉ

Bricks au thon

- *9 feuilles de brick*
- *6 branches de persil*
- *6 œufs*
- *1 grosse boîte de thon au naturel*
- *6 cuil. à café de câpres (facultatif)*
- *Huile pour la friture*
- *Sel, poivre*

■ Coupez 3 feuilles de brick en deux. Dans un bol, émiettez le thon, ajoutez le persil lavé et ciselé.

■ Préparez les bricks. Déposez 1 feuille de brick dans une assiette et mettez au milieu 1 demi-feuille de brick. Sur celle-ci, posez le thon et 1 cuil. à café de câpres, cassez l'œuf au-dessus. Salez et poivrez. Repliez immédiatement la feuille en deux.

■ Faites chauffer l'huile dans une poêle et déposez la brick dans l'huile chaude, mais non fumante. Faites cuire chaque brick 3 min par face. Égouttez-les au fur et à mesure sur un papier absorbant. Servez immédiatement.

CONSEILS

Vous pouvez remplacer le thon par une merguez coupée en morceaux ou de la soubressade. Vous pouvez également ajouter des oignons hachés dorés dans de l'huile. Cassez l'œuf à la dernière minute pour que la feuille de brick ne se ramollisse pas et pour qu'elle soit plus facile à cuire.

POUR 6 PERSONNES
PRÉPARATION : 15 MIN
CUISSON : 40 MIN
DIFFICULTÉ : FACILE
COÛT : BON MARCHÉ

Feuilleté aux épinards et au chèvre

- 10 feuilles de brick
- 1 kg d'épinards
- 1 bouquet de coriandre
- 2 oignons
- 3 chèvres frais de 100 g chacun environ
- 2 œufs
- 20 cl de crème fraîche
- 30 g de beurre
- Huile de tournesol
- Sel, poivre

■ Lavez les feuilles d'épinard à l'eau froide. Essorez-les bien et enlevez les queues. Découpez les feuilles en grosses lamelles. Pelez les oignons et coupez-les en fines rondelles. Ciselez la coriandre.

■ Dans une sauteuse, faites revenir les oignons dans le beurre. Laissez-les légèrement dorer puis ajoutez les épinards. Laissez cuire à couvert et à feu doux pendant 5 min. Vous pouvez alors découvrir et laisser sécher à feu plus fort environ 10 min.

■ Préparez une omelette onctueuse en battant dans un saladier les œufs, la crème fraîche et les chèvres grossièrement écrasés. Salez et poivrez. Ajoutez le mélange épinards-oignons.

■ Préchauffez le four à 220 °C (th. 7-8). Huilez un plat allant au four et badigeonnez d'huile les 2 faces de chaque feuille de brick. Déposez 5 feuilles de brick l'une sur l'autre dans le plat. Déposez ensuite le mélange omelette-épinards. Répartissez-le bien et recouvrez avec les 5 autres feuilles de brick. Découpez le feuilleté avant de l'enfourner et laissez cuire 20 min. Servez chaud.

POUR 6 PERSONNES
PRÉPARATION : 25 MIN
CUISSON : 20 MIN
DIFFICULTÉ : FACILE
COÛT : RAISONNABLE

Friands aux asperges

- 6 feuilles de brick
- 36 asperges vertes
- 2 citrons verts
- 1 petit bouquet
  de ciboulette
- 1 petit bouquet de cerfeuil
- 1 petit bouquet
  d'estragon
- 1 œuf
- 6 jaunes d'œuf
- 6 cuil. à soupe de crème
  fraîche épaisse
- 2 cuil. à soupe d'huile
  d'olive
- Sel, poivre

■ Pelez les asperges, lavez-les et faites 6 bottes de 6 asperges que vous lierez avec du fil alimentaire. Faites-les cuire à l'eau bouillante salée. Au bout de 10 à 15 min, retirez-les et égouttez-les bien. Gardez-les au chaud. Ciselez les aromates dans un bol.

■ Coupez chaque feuille de brick en quatre. À l'aide d'un pinceau, badigeonnez-les avec l'œuf entier battu. Superposez 4 quarts de feuille. Vous obtenez 6 friands en forme de triangle. Badigeonnez la feuille du dessus avec de l'huile d'olive.

■ Préchauffez le four à 220 °C (th. 7-8). Préparez la sauce : dans une casserole au bain-marie, à feu doux, fouettez vivement les jaunes d'œuf jusqu'à ce qu'ils deviennent blancs. Ajoutez la crème fraîche en continuant à battre. Vous obtenez une mousse épaisse. Ajoutez les herbes ciselées, du sel et du poivre. Mouillez avec le jus de 1 demi-citron vert.

■ Faites dorer les triangles 2 min au four. Posez-les aussitôt dans les assiettes de service, avec une botte d'asperges et de la sauce. Décorez chaque part avec 1 quart de citron vert.

POUR 4 PERSONNES
PRÉPARATION : 40 MIN
CUISSON : 10 MIN
DIFFICULTÉ : FACILE
COÛT : BON MARCHÉ

Omelette croustillante au citron confit

- *8 feuilles de brick*
- *1 petit citron confit*
- *Quelques brins de coriandre*
- *2 gousses d'ail*
- *8 œufs*
- *1 cuil. à café de cumin*
- *1 cuil. à café de paprika*
- *2 cuil. à soupe d'huile d'olive*
- *2 cuil. à soupe d'huile de tournesol*

■ Dessalez le citron confit : pour cela, faites-le tremper 10 min dans de l'eau claire, à 3 reprises. Hachez-le. Épluchez l'ail et écrasez-le au presse-ail.

■ Préchauffez le four à 220 °C (th. 7). Avec l'huile de tournesol, badigeonnez chaque feuille de brick. Disposez-les deux par deux dans un ramequin huilé et retournez les bords pour former la corolle d'une fleur. Faites dorer au four 2 min et sortez-les délicatement. Posez-les sur l'assiette de service.

■ Dans une poêle, faites chauffer l'huile d'olive, cassez-y les œufs et remuez avec le cumin, le paprika, le citron confit et l'ail. Lorsque l'omelette est onctueuse, répartissez-la dans les 4 fleurs de feuilles de brick. Décorez avec les feuilles de coriandre. Servez sans attendre.

POUR 30 ROULEAUX
PRÉPARATION : 30 MIN
CUISSON : 10 MIN
DIFFICULTÉ : FACILE
COÛT : CHER

Rouleaux de la mer

- *15 feuilles de brick*
- *1,5 kg de crevettes roses cuites*
- *200 g de filets de merlan*
- *1/2 citron pressé*
- *500 g de pousses de soja*
- *1/2 bouquet de persil*
- *1/2 bouquet de coriandre*
- *4 gousses d'ail*
- *1 blanc d'œuf*
- *100 g de champignons noirs*
- *1 pincée de cumin*
- *2 cuil. à café d'huile d'olive*
- *Huile pour la friture*
- *Sel, poivre*

■ Décortiquez les crevettes et hachez le merlan dans un mixeur. Hydratez les champignons noirs et égouttez-les. Hachez ensemble le persil, la coriandre et l'ail avec un hachoir à herbes.

■ Mélangez les crevettes, le merlan, le soja et les herbes, ajoutez le citron, le cumin et l'huile d'olive. Salez et poivrez. Ensuite, égouttez soigneusement la préparation dans une passoire.

■ Coupez les feuilles de brick en deux. Posez un peu de farce à l'extrémité de chaque demi-feuille. Rabattez les côtés et roulez. Soudez avec un peu de blanc d'œuf.

■ Faites frire les rouleaux à la poêle dans une huile chaude, mais non fumante, pendant 10 min. Égouttez sur un papier absorbant. Servez bien chaud.

VARIANTE

On peut remplacer le soja et les champignons noirs par des carottes râpées ou encore des champignons de Paris.

POUR 20 SAMOUSSAS
PRÉPARATION : 20 MIN
CUISSON : 20 MIN
DIFFICULTÉ : FACILE
COÛT : BON MARCHÉ

Samoussas

- *20 feuilles de brick*
- *500 g de bœuf haché*
- *1 bouquet de ciboulette*
- *3 oignons*
- *6 gousses d'ail*
- *1 blanc d'œuf*
- *4 cuil. à soupe d'huile de tournesol*
- *Huile pour la friture*
- *Sel, poivre*

■ Pelez l'ail et les oignons. Broyez-les au mixeur.

■ Dans une marmite, faites revenir la viande dans l'huile de tournesol. Ajoutez l'ail et les oignons et faites cuire en remuant jusqu'à ce que le mélange se détache facilement.

■ Laissez refroidir puis ajoutez la ciboulette ciselée. Mélangez bien. Salez et poivrez.

■ Détachez les feuilles de brick. Déposez 1 cuil. de viande sur le bord de chaque feuille et rabattez chaque côté pour obtenir un rectangle. Pliez pour former un triangle. Fermez avec du blanc d'œuf.

■ Faites frire les poêlées de samoussas dans une huile chaude, mais non fumante, 2 min sur chaque face. Posez sur un papier absorbant. Servez chaud.

VARIANTE

On peut ajouter une pointe de piment de Cayenne pour relever.

POUR 8 CROSTINI
PRÉPARATION : 20 MIN
CUISSON : 25 MIN
DIFFICULTÉ : FACILE
COÛT : BON MARCHÉ

Crostini d'été

- *8 tranches de pain de campagne épaisses*
- *1 boule de mozzarella*
- *4 petites tomates*
- *1/2 aubergine*
- *1 oignon rouge*
- *3 gousses d'ail*
- *2 branches de basilic*
- *1 poivron rouge en conserve*
- *6 cuil. à soupe d'huile d'olive*
- *1/2 cuil. à soupe de vinaigre balsamique*
- *Sel, poivre*

■ Préchauffez le four à 250 °C (th. 8-9). Réservez 4 à 5 cuil. à soupe d'huile d'olive au réfrigérateur. Rincez les tomates, hachez-les au couteau. Coupez le poivron en petites lamelles. Pelez 2 gousses d'ail et émincez-les. Épluchez et hachez l'oignon. Pelez la demi-aubergine et coupez-la en petits dés.

■ Faites chauffer 1 cuil. à soupe d'huile d'olive dans une sauteuse. Faites-y fondre l'oignon et l'ail pendant 3 min. Ajoutez l'aubergine puis faites-la cuire jusqu'à ce qu'elle soit presque tendre. Ajoutez les tomates et mélangez. Arrosez les légumes avec le vinaigre. Salez et poivrez, mélangez et laissez cuire encore 5 min jusqu'à ce qu'il n'y ait plus de liquide.

■ Faites griller le pain. Pelez la dernière gousse d'ail, coupez-la en deux et frottez le pain sur une face.

■ Coupez la mozzarella en rondelles. Tartinez le côté aillé du pain avec l'huile mise au réfrigérateur. Répartissez les légumes dessus, posez 1 rondelle de mozzarella sur chaque tartine et remettez 5 min au four. Poivrez légèrement la mozzarella, parsemez de basilic haché et servez sans attendre.

POUR 6 CROÛTES
PRÉPARATION : 10 MIN
CUISSON : 30 MIN
DIFFICULTÉ : FACILE
COÛT : BON MARCHÉ

Croûtes
à la compote d'oignons

- *6 tranches de pain de campagne*
- *2 gros oignons doux*
- *4 grosses gousses d'ail*
- *1 cuil. à soupe d'huile d'olive*
- *1 cuil. à soupe de miel*
- *Sel*

▧ Préchauffez le four à 180 °C (th. 6). Huilez un petit plat à four.

▧ Pelez l'ail, coupez les gousses en deux et retirez le germe. Épluchez les oignons et coupez-les en rondelles épaisses.

▧ Mélangez l'huile et le miel. Ajoutez les oignons et l'ail et mélangez bien.

▧ Versez cette préparation dans le plat, mettez au four et faites cuire 30 min, en remuant une ou deux fois.

▧ Laissez refroidir, puis passez la compote au mixeur. Salez.

▧ Quelques minutes avant de servir, faites griller le pain, puis tartinez-le de compote.

CONSEILS

Vous pouvez préparer la compote à l'avance et la garder au réfrigérateur. Vous pouvez décorer vos bouchées avec quelques lamelles d'oignons rouges, pour leur donner une jolie touche de couleur.

POUR 16 À 20 TARTINES
PRÉPARATION : 15 MIN
CUISSON : 25 À 30 MIN
RÉFRIGÉRATION : 1 H
DIFFICULTÉ : FACILE
COÛT : BON MARCHÉ

Pain bûcheron à la crème d'aubergine

- 8 à 10 tranches de pain bûcheron
- 2 aubergines
- 1 grosse gousse d'ail
- 1 ou 2 cuil. à café d'origan
- 1 cuil. à soupe de vinaigre de vin
- 6 cuil. à soupe d'huile d'olive
- 2 pincées de sucre
- Sel, poivre

Pour décorer
- Quelques feuilles jaunes de céleri très fraiches
- Quelques olives noires

■ Allumez le gril du four. Rincez les aubergines et essuyez-les, puis posez-les sur la lèchefrite du four le plus près possible de la rampe. Laissez-les cuire de 25 à 30 min, en les retournant à mi-cuisson.

■ Lorsque la peau est noircie, retirez-la ainsi que le pédoncule. Hachez la chair avec un couteau. Salez, versez dans une passoire et laissez égoutter 15 min.

■ Versez la chair d'aubergine dans une jatte, ajoutez le sucre, le vinaigre et du poivre. Mélangez avec une fourchette. Pelez l'ail et passez-le au presse-ail au-dessus de la jatte. Arrosez doucement avec 4 cuil. à soupe d'huile en battant avec la fourchette. Lorsque toute l'huile est bien incorporée, goûtez et rectifiez l'assaisonnement. Mettez au réfrigérateur pendant 1 h.

■ Au moment de servir, faites griller le pain. Hachez le céleri avec des ciseaux. Coupez les olives en deux et dénoyautez-les. Aspergez le pain avec le reste de l'huile et parsemez d'origan. Tartinez de crème d'aubergine, coupez les tranches en deux ou en quatre. Surmontez-les de feuilles de céleri hachées et de 1 demi-olive noire.

POUR 30 TARTINES
PRÉPARATION : 15 MIN
DIFFICULTÉ : FACILE
COÛT : RAISONNABLE

Pain de campagne à la tapenade

- 4 ou 8 tranches de pain de campagne
- 125 g d'olives vertes
- 125 g d'olives noires
- 7 filets d'anchois à l'huile
- 2 cuil. à soupe de câpres
- 2 gousses d'ail
- 2 cuil. à soupe de jus de citron
- 20 cl d'huile d'olive

Pour décorer
- 2 œufs durs

■ Dénoyautez les olives. Épluchez l'ail, coupez les gousses en deux et retirez le germe central. Hachez grossièrement les gousses. Hachez les filets d'anchois au couteau.

■ Mettez les olives vertes dans le bol du robot avec l'ail, le jus de citron et les câpres. Faites fonctionner l'appareil pour réduire les olives en purée. Ajoutez les olives noires et les filets d'anchois. Faites à nouveau fonctionner l'appareil pour obtenir une pâte.

■ Versez l'huile en mince filet dans le robot, tout en le faisant fonctionner jusqu'à ce que toute l'huile soit absorbée et que vous obteniez une préparation homogène comme une mayonnaise. Versez-la dans un bol et conservez-la au réfrigérateur.

■ Au moment de servir, faites griller les tranches de pain. Laissez-les tiédir, puis tartinez-les de tapenade, en couche un peu épaisse. Coupez ces tranches en deux ou en quatre selon leur grandeur et rangez-les sur un plateau. Écalez les œufs durs, hachez-les au couteau et déposez un peu de blanc et de jaune sur chaque tartine.

POUR 6 POIVRONS
PRÉPARATION : 10 MIN
CUISSON : 20 MIN
RÉFRIGÉRATION : 24 H
DIFFICULTÉ : FACILE
COÛT : BON MARCHÉ

Poivrons marinés

- *2 poivrons rouges*
- *2 poivrons verts*
- *2 poivrons jaunes*
- *2 gousses d'ail*
- *2 branches de thym*
- *2 cuil. à soupe de vinaigre de xérès*
- *3 cuil. à soupe d'huile d'olive*
- *1 cuil. à café de sucre*
- *Sel*

▦ Lavez les poivrons, essuyez-les et faites-les griller 20 min sous le gril du four, le plus près possible de la source de chaleur, en les tournant régulièrement. Lorsque la peau a noirci et se détache toute seule de la chair, laissez-les tiédir, puis pelez-les, retirez le pédoncule, les graines et les filaments blancs.

▦ Taillez les poivrons en lanières de 3 cm de large. Mettez-les dans un récipient en les rangeant par couleur, poudrez-les de sucre et salez-les.

▦ Pelez les gousses d'ail et passez-les au presse-ail. Mélangez l'ail, le thym émietté, le vinaigre et l'huile, arrosez les poivrons de ce mélange, couvrez et laissez mariner pendant au moins 24 h.

▦ Pour servir, égouttez les poivrons, coupez-les en carrés de la taille d'une bouchée avant de les ranger sur un ravier. Vous pouvez également les placer par couche de couleur dans des petits verres.

POUR 40 BOUCHÉES
MARINADE : 48 H
PRÉPARATION : 15 MIN
MACÉRATION : 1 H
DIFFICULTÉ : TRÈS FACILE
COÛT : BON MARCHÉ

Tomates cerise farcies à la feta

- *20 tomates cerise*
- *20 olives noires*
- *100 g de feta*
- *1 gousse d'ail*
- *3 branches de thym*
- *1 feuille de laurier*
- *1 petit piment oiseau*
- *Huile d'olive*
- *1 cuil. à soupe de sucre*
- *Sel, poivre*

■ Coupez la feta en cubes d'environ 1 cm de côté. Mettez-les dans un petit bocal avec 2 branches de thym, le laurier, la gousse d'ail pelée et coupée en lamelles et le piment entier. Couvrez largement tous ces ingrédients d'huile d'olive, fermez le bocal et laissez mariner au frais, dans un endroit sombre, pendant au moins 48 h.

■ Rincez les tomates cerise et coupez-les en deux, puis retirez les graines avec la pointe d'un couteau. Mettez-les dans une jatte avec 3 cuil. à soupe d'huile d'olive, salez-les, poudrez-les de sucre et du reste du thym émietté, tournez-les délicatement dans ce mélange, puis laissez-les macérer pendant environ 1 h.

■ Coupez les olives en deux et dénoyautez-les. Égouttez la feta et les tomates. Mettez 1 dé de feta dans chaque demi-tomate, recouvrez la partie visible du fromage de 1 demi-olive et piquez le tout avec un pique-olives.

POUR 50 TORTILLAS
ENVIRON
PRÉPARATION : 20 MIN
DIFFICULTÉ : TRÈS FACILE
COÛT : BON MARCHÉ

Tortillas à la crème d'avocat

- *1 paquet de tortillas chips*
- *2 avocats*
- *1 citron vert*
- *1 gousse d'ail*
- *Tabasco*
- *Sel*

■ Coupez les avocats en deux, retirez le noyau et pelez les demi-avocats. Coupez la chair en morceaux. Mettez-les dans le bol du robot.

■ Pressez le citron et arrosez-en les morceaux d'avocats. Salez, puis ajoutez quelques gouttes de Tabasco. Pelez l'ail et passez-le au presse-ail au-dessus du bol du robot, puis faites fonctionner l'appareil.

■ Déposez 1 cuil. à café de crème d'avocat sur chaque tortilla et rangez-les sur un plat.

CONSEILS

Ne préparez pas la crème d'avocat à l'avance. Couvrez-la d'un film alimentaire pour l'empêcher de noircir. Les tortillas chips triangulaires sont vendues en paquets au rayon des gâteaux à apéritif. Choisissez-les au chili si vous êtes sûr du goût des personnes présentes ; sinon, prenez-les nature. Ces tortillas se brisent facilement, même dans leur emballage : prévoyez 2 paquets pour parer à toute éventualité.

POUR 20 BEIGNETS
TREMPAGE : 12 H
PRÉPARATION : 20 MIN
CUISSON : 30 MIN
DIFFICULTÉ : DIFFICILE
COÛT : RAISONNABLE

Beignets de morue

- *500 g de filets de morue*
- *60 g de farine*
- *40 cl de lait*
- *2 œufs + 2 blancs*
- *3 branches de persil plat*
- *1 ou 2 petits piments oiseaux secs*
- *2 cuil. à soupe d'huile d'olive*
- *Sel*
- *Huile de friture*

■ Faites dessaler la morue dans de l'eau froide pendant 12 h. Changez l'eau trois ou quatre fois. Égouttez la morue, mettez-la dans une casserole, couvrez largement d'eau froide et laissez cuire à petits frémissements environ 10 min.

■ Égouttez et coupez la morue en morceaux dans le bol du robot avec l'huile, la farine, le lait, les piments et le persil haché. Mixez jusqu'à l'obtention d'une pâte homogène et assez consistante. Cassez les œufs en séparant les blancs des jaunes. Ajoutez les jaunes à la pâte, faites fonctionner l'appareil quelques secondes.

■ Faites chauffer l'huile de friture à 170 °C. Ajoutez 1 pincée de sel aux 4 blancs d'œufs et battez-les en neige ferme. Incorporez-les délicatement à la préparation à base de morue.

■ Prenez la pâte avec une cuillère à café et faites-la tomber dans la friture chaude. Procédez par petites quantités pour que les beignets puissent gonfler. Laissez cuire pendant 3 min. Déposez sur du papier absorbant et servez sans attendre.

POUR 24 BLINIS
PRÉPARATION : 30 MIN
REPOS DE LA PÂTE : 3 H
CUISSON : 4 MIN
DIFFICULTÉ : FACILE
COÛT : CHER

Blinis maison garnis

Pour la pâte
- 150 g de farine de blé
- 100 g de farine
  de sarrasin
- 20 g de levure fraîche
  de boulanger
- 50 cl de lait
- 2 œufs
- 2 cuil. à soupe d'huile
- 1 1/2 cuil. à café de sucre
- Sel

Pour la garniture
- 1 bocal d'œufs de truite
  de 90 g
- 125 g de petites crevettes
  décortiquées
- 6 cuil. à soupe
  de mayonnaise légère
- 1/2 yaourt nature
- 1 cuil. à soupe
  de concentré de tomates
- 1 cuil. à soupe de whisky
- 2 pincées de piment
  de Cayenne

■ Préparez les blinis : faites tiédir 15 cl de lait, émiettez-y la levure et délayez-la. Séparez les blancs des jaunes d'œufs. Crevez les jaunes avec une fourchette et mélangez-les doucement.

■ Mélangez les farines, le sucre et 1 pincée de sel. Ajoutez la levure délayée, les jaunes d'œufs, puis le reste du lait par petites quantités à la fois. La pâte doit être épaisse mais fluide. Couvrez d'un linge et laissez lever 3 h dans un endroit tiède. Battez les blancs d'œufs en neige et incorporez-les à la pâte levée.

■ Faites chauffer une petite poêle de 7 à 8 cm de diamètre. Huilez-la légèrement. Versez 2 cuil. à soupe de pâte. Laissez cuire de 2 à 3 min de chaque côté à feu moyen, jusqu'à ce que chaque face soit légèrement dorée. Réservez au chaud.

■ Mélangez 2 cuil. à soupe de mayonnaise avec le yaourt. Recouvrez-en 12 blinis chauds et déposez quelques œufs de truite sur chacun. Mélangez le reste de la mayonnaise avec le whisky, le concentré de tomates et le piment de Cayenne. Recouvrez-en les 12 autres blinis et répartissez les crevettes dessus.

POUR 60 BOUCHÉES
PRÉPARATION : 15 MIN
CUISSON : 1 H 30
RÉFRIGÉRATION : 24 H
DIFFICULTÉ : FACILE
COÛT : BON MARCHÉ

Bouchées au crabe

- 4 œufs
- 1 boîte de miettes de crabe de 121 g poids net égoutté
- 2 grosses cuil. à soupe de crème fraîche très épaisse
- 30 grosses olives noires
- 1 petite boîte de concentré de tomate
- 2 cuil. à soupe de tapioca express
- 1 cuil. à café de poivre vert en saumure
- 1 cuil. à soupe de cognac
- Quelques gouttes de Tabasco
- Sel

Pour le moule
- 10 g de beurre

■ Préchauffez le four à 160 °C (th. 5-6). Préparez un bain-marie. Beurrez un petit moule à cake.

■ Égouttez le crabe et retirez soigneusement tous les petits cartilages. Délayez le concentré de tomate avec 10 cl d'eau. Battez les œufs dans une jatte. Ajoutez tous les ingrédients, sauf les olives. Mélangez bien.

■ Versez la préparation dans le moule beurré, placez celui-ci dans le bain-marie, en ajoutant un peu d'eau bouillante s'il le faut pour qu'elle arrive à mi-hauteur du moule. Enfournez pour 1 h 30. Le pain de crabe est cuit lorsque les bords commencent à se détacher du récipient et que la surface est bien ferme.

■ Sortez le moule du bain-marie et laissez refroidir complètement. Mettez-le au réfrigérateur 24 h.

■ Coupez les olives en deux et dénoyautez-les. Démoulez le pain de crabe, coupez-le en tranches d'environ 1 cm d'épaisseur et recoupez-les en quatre. Déposez 1 demi-olive sur chaque morceau en la maintenant avec un pique-olives.

POUR 20 CAMPAGNETTES
PRÉPARATION : 10 MIN
RÉFRIGÉRATION : 2 H
DIFFICULTÉ : FACILE
COÛT : RAISONNABLE

Campagnettes aux deux saumons

- *1 baguette de campagne*
- *300 g de saumon en boîte au naturel*
- *150 g de chutes de saumon fumé*
- *75 g de beurre mou*
- *1 citron*
- *4 branches d'aneth*
- *Tabasco*

■ Égouttez le saumon, rincez-le, égouttez-le à nouveau, ôtez la peau et les arêtes. Mettez-le dans une jatte et effeuillez-le à la fourchette.

■ Mettez les chutes de saumon fumé et le beurre dans le bol du robot. Faites fonctionner l'appareil pour obtenir une préparation homogène.

■ Rincez l'aneth et hachez-en 3 branches au-dessus du robot. Pressez le citron. Ajoutez 3 cuil. à soupe de jus dans le robot ainsi que quelques gouttes de Tabasco. Faites à nouveau fonctionner l'appareil.

■ Versez la préparation dans la jatte et mélangez-la avec le saumon, sans trop l'écraser. Goûtez et ajoutez un peu de citron si cela paraît nécessaire. Laissez au moins 2 h au réfrigérateur.

■ Coupez la baguette en rondelles et faites-les griller. Tartinez-les avec la préparation au saumon et rangez-les sur un plat. Garnissez chacune d'un petit brin d'aneth.

POUR 24 TARTINES
PRÉPARATION ET
CUISSON : 15 MIN
DIFFICULTÉ : TRÈS FACILE
COÛT : CHER

Tartines du Grand Nord

- *1 pain de seigle de 340 g coupé en tranches*
- *200 g de saumon cru mariné à l'aneth*
- *150 g de fromage de chèvre frais en pot, non affiné*
- *12 tomates cerise*
- *Quelques branches d'aneth*
- *1 cuil. à soupe de crème fraîche liquide*
- *1 cuil. à soupe de jus de citron*
- *1/2 cuil. à café de poivre vert*
- *Poivre*

■ Mettez le saumon dans le bol du robot avec le jus de citron, le poivre vert, le fromage et la crème fraîche. Poivrez abondamment et faites fonctionner l'appareil jusqu'à l'obtention d'une pâte homogène.

■ Si vous souhaitez décorer vos tartines de tomates cerise, rincez les tomates, épongez-les et coupez-les en deux.

■ Faites griller le pain. Tartinez-le avec la préparation au saumon. Décorez éventuellement chaque tranche avec 1 demi-tomate cerise et 1 brin d'aneth.

VARIANTE

Vous pouvez remplacer le saumon par de la truite préparée de la même façon. Si vous utilisez du saumon congelé, pensez à le faire décongeler au moins 2 h à l'avance.

POUR 16 PORTIONS
PRÉPARATION : 10 MIN
RÉFRIGÉRATION : 3 H
DIFFICULTÉ : TRÈS FACILE
COÛT : RAISONNABLE

Triangles à la crème de maquereau fumé

- *8 grandes tranches de pain de mie carré*
- *400 g de filets de maquereau fumé au poivre*
- *75 g de beurre mou*
- *2 cuil. à soupe de jus de citron*
- *Grains de poivre vert ou câpres*

■ Retirez la peau des filets de maquereau. Coupez la chair en morceaux, mettez-les dans le bol du robot avec le jus de citron et le beurre coupé en dés. Faites fonctionner l'appareil jusqu'à l'obtention d'une préparation homogène.

■ Versez la crème de maquereau dans une jatte et laissez-la 3 h au réfrigérateur afin qu'elle durcisse légèrement.

■ Faites griller le pain de mie. Tartinez les tranches avec la crème de maquereau, coupez-les en deux en diagonale, déposez-les sur un plat, garnissez d'un grain de poivre vert ou d'une câpre et servez.

POUR 16 À 20 BOULETTES
PRÉPARATION : 30 MIN
CUISSON : 1 H
RÉFRIGÉRATION : 30 MIN
DIFFICULTÉ : FACILE
COÛT : RAISONNABLE

Albondigas

- *150 g de bifteck haché*
- *150 g d'échine de porc*
- *1 tranche de mie de pain*
- *1 œuf dur*
- *1 gousse d'ail*
- *1 cuil. à soupe de persil haché*
- *3 cuil. à soupe de xérès sec*
- *Quelques gouttes de Tabasco*
- *2 cuil. à soupe d'huile d'olive*
- *Sel, poivre*

Pour la sauce
- *1/2 boîte de tomates*
- *1 oignon*
- *1 gousse d'ail*
- *1 feuille de laurier*
- *1 branche de thym*
- *1 branche de céleri*
- *1 cuil. à soupe d'huile d'olive*
- *Sel, poivre*

■ Hachez le porc. Arrosez la mie de pain avec le xérès. Écalez l'œuf dur et hachez-le avec un couteau. Pelez l'ail et passez-le au presse-ail. Mélangez dans une jatte les viandes hachées, la mie de pain, l'œuf haché, l'ail, le persil et le Tabasco. Salez et poivrez. Laissez reposer 30 min au réfrigérateur.

■ Pendant ce temps, préparez la sauce : pelez l'ail et passez-le au presse-ail. Concassez grossièrement les tomates, en conservant leur jus. Pelez l'oignon et hachez-le finement. Faites chauffer l'huile dans une casserole, faites-y blondir l'oignon, ajoutez l'ail ainsi que les tomates et leur jus, le thym, le laurier et le céleri. Couvrez et laissez cuire 30 min à feu doux en remuant de temps en temps. Salez et poivrez.

■ Façonnez le hachis de viande en boulettes de la taille d'une petite noix.

■ Faites chauffer l'huile dans une poêle. Faites-y dorer les boulettes à feu vif pendant 3 à 4 min, en les secouant à plusieurs reprises. Prenez-les avec une écumoire et posez-les dans la sauce tomate puis couvrez et laissez cuire à feu doux pendant 15 min.

POUR 20 BOUCHÉES
PRÉPARATION ET
CUISSON : 10 MIN
DIFFICULTÉ : TRÈS FACILE
COÛT : BON MARCHÉ

Bouchées
au chorizo grillé

– *1 ficelle*
– *1 chorizo pimenté
  ou non*

■ Préchauffez le four à 250 °C (th. 8-9). Retirez la peau du chorizo et coupez-le en rondelles.

■ Coupez la ficelle en rondelles peu épaisses. Rangez-les sur la lèchefrite du four, puis déposez 1 rondelle de chorizo sur chacune.

■ Mettez au four et laissez griller quelques minutes jusqu'à ce que le tour des rondelles commence à brunir. Servez sans attendre.

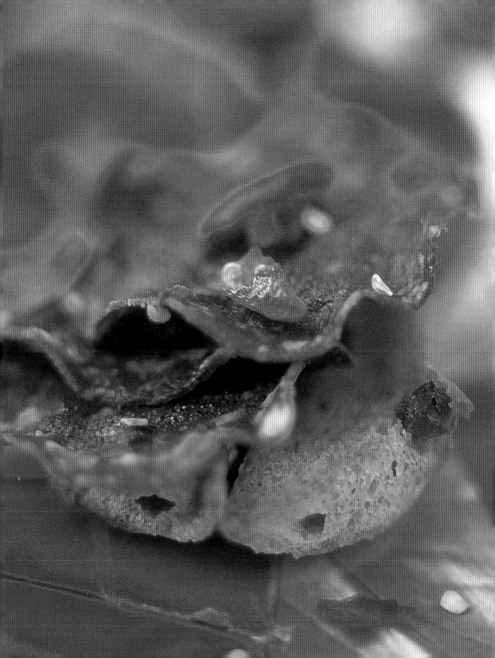

POUR 30 À 40 BOUCHÉES
PRÉPARATION ET
CUISSON : 25 MIN
DIFFICULTÉ : FACILE
COÛT : RAISONNABLE

Bouchées de dinde sauce rouge

- 500 g d'escalopes de dinde
- 4 gousses d'ail
- 1 échalote
- 1 cuil. à soupe d'estragon haché
- 3 pincées de thym
- 2 pincées de cannelle
- 2 pincées de noix muscade
- 1 pincée de girofle en poudre
- 1 pointe de couteau de pâte de piment
- 2 cuil. à soupe de concentré de tomate
- 2 cuil. à soupe de fécule
- 10 cl de madère
- 2 cuil. à soupe de cognac
- 2 cuil. à soupe d'huile d'olive
- 2 pincées de sucre
- Sel, poivre

▨ Coupez les escalopes de dinde en bâtonnets d'environ 2,5 cm de long. Assaisonnez-les et roulez-les dans la fécule.

▨ Pelez l'ail et passe-le au presse-ail au-dessus du madère. Ajoutez le concentré de tomate, la pâte de piment et le sucre. Pelez et hachez l'échalote.

▨ Faites chauffer l'huile dans une sauteuse, saisissez-y la dinde et l'échalote. Ajoutez le thym, la cannelle, le girofle et la noix muscade. Arrosez avec le madère, salez et poivrez, mélangez, réduisez le feu et laissez cuire 5 min. Ajoutez le cognac et laissez cuire encore 5 min en remuant souvent. Parsemez d'estragon, mélangez et laissez refroidir.

POUR 1 FICELLE
PRÉPARATION : 20 MIN
DIFFICULTÉ : TRÈS FACILE
COÛT : RAISONNABLE

Ficelle à l'italienne

- 1 ficelle
- 200 g de tomates cerise
- 200 g de saucisse sèche
- 125 g de mozzarella
- 60 g de beurre mou
- 3 gousses d'ail
- Origan
- Sel, poivre

■ Préparez un beurre d'ail : mettez le beurre dans un bol et travaillez-le pour le réduire en pommade. Pelez l'ail, coupez les gousses en deux et ôtez le germe. Pressez les gousses au-dessus du bol. Mélangez soigneusement la préparation.

■ Rincez les tomates, essuyez-les et coupez-les en rondelles. Éliminez l'eau et les pépins. Coupez la mozzarella en bandelettes fines. Retirez la peau de la saucisse et coupez-la en rondelles fines. Recoupez celles-ci en deux.

■ Coupez la ficelle en deux. Tartinez chaque moitié avec le beurre d'ail. Coupez la ficelle en tronçons de 5 à 6 cm de long. Recouvrez avec les bandelettes de mozzarella, puis avec les rondelles de tomates en les faisant légèrement chevaucher. Salez, poivrez un peu, parsemez d'origan, puis déposez les rondelles de saucisse dessus.

VARIANTE

Vous pouvez également utiliser des bâtonnets de saucisse sèche coupés en deux, dans lesquels vous glisserez un morceau de mozzarella.

POUR 15 BOULETTES
PRÉPARATION : 20 MIN
REPOS : 30 MIN
CUISSON : 10 MIN
DIFFICULTÉ : FACILE
COÛT : RAISONNABLE

Keftedakia d'Alice

- *500 g d'entrecôte sans déchet*
- *1 morceau de pain parisien de 6 cm*
- *1 oignon*
- *3 pincées d'origan*
- *2 cuil. à soupe d'ouzo ou d'alcool anisé*
- *Sel, poivre*

■ Coupez la viande en morceaux et passez-la au hachoir, grille moyenne. Faites tremper le pain dans un bol d'eau froide. Pelez l'oignon et hachez-le finement.

■ Mélangez la viande, l'oignon, l'ouzo et l'origan. Salez et poivrez. Retirez grossièrement la croûte du pain et essorez la mie soigneusement. Ajoutez-la au mélange et malaxez le tout à la main. Laissez reposer 30 min au réfrigérateur.

■ Façonnez la préparation en petites boules d'à peine 3 cm de diamètre. Placez-les dans un gril double et fermez celui-ci sans trop appuyer. Glissez-le à 12 cm du gril du four et laissez cuire les keftedakia 5 min de chaque côté. Servez chaud ou froid.

POUR 25 À 30 SAMOSA
PRÉPARATION ET
CUISSON : 1 H
REPOS : 30 MIN
DIFFICULTÉ : FACILE
COÛT : RAISONNABLE

Samosa à l'agneau

- *350 g de pâte feuilletée*
- *500 g d'agneau haché*
- *1 gros oignon haché menu*
- *4 gousses d'ail*
- *2 cuil. à soupe de persil plat*
- *1 petit piment fort*
- *2 cuil. à café de curry*
- *2 cuil. à soupe de jus de citron*
- *2 cuil. à soupe d'huile*
- *Sel*
- *Huile de friture*

■ Ôtez les graines du piment et hachez-le finement. Faites dorer l'oignon dans une poêle à l'huile chaude. Pelez l'ail et passez-le au presse-ail au-dessus de la poêle. Ajoutez le piment. Laissez cuire 2 min. Ajoutez la viande et faites revenir le tout pendant 3 min en remuant. Poudrez de curry, salez, mélangez et versez 10 cl d'eau. Couvrez, réduisez le feu et laissez cuire une vingtaine de minutes jusqu'à ce que toute l'eau soit absorbée. Hors du feu, ajoutez le persil et le jus de citron.

■ Étalez la pâte le plus finement possible sur le plan de travail fariné. Découpez-la en carrés de 7 cm de côté. Déposez un peu de garniture au centre de l'une des moitiés, humectez la pâte restée libre, puis rabattez-la sur la farce, en appuyant fortement avec les doigts tout autour. Laissez reposer 30 min.

■ Faites chauffer 3 cm d'huile dans une poêle. Déposez-y quelques samosa et laissez-les cuire 2 min, retournez-les et laissez-les encore 2 min environ jusqu'à ce qu'ils soient bien dorés. Égouttez-les et déposez-les au fur et à mesure sur du papier absorbant. Continuez la cuisson de la même façon. Servez très chaud.

POUR 15 BANDERILLAS
DE CHAQUE VARIÉTÉ
PRÉPARATION : 45 MIN
DIFFICULTÉ : TRÈS FACILE
COÛT : RAISONNABLE

Banderillas

Aux olives farcies
- *15 tomates cerise*
- *1 poivron rouge*
- *50 g d'olives vertes
  aux anchois*

Au jambon cru
et à la mangue
- *2 ou 3 tranches
  de jambon cru, très fines*
- *1 mangue*
- *1 citron vert*
- *60 g de petits oignons
  à la grecque*

Aux mini-pâtissons
- *1 bocal de mini-pâtissons
  au vinaigre*
- *1 petit bocal de piments
  au vinaigre*
- *50 g d'olives vertes
  farcies aux anchois*

■ Rincez les tomates cerise et équeutez-les. Rincez le poivron rouge, retirez le pédoncule, les graines et les filaments blancs, coupez la pulpe en lanières de 1,5 cm, puis recoupez-les en losanges. Garnissez des pique-olives avec 1 olive aux anchois, 1 morceau de poivron et 1 tomate.

■ Pelez la mangue et coupez la chair en dés de 1,5 cm. Coupez le jambon en lanières et enroulez-en chaque dé de mangue. Pelez le citron à vif, coupez-le en rondelles, recoupez en petits triangles. Garnissez des pique-olives avec 1 triangle de citron vert, 1 dé de mangue et 1 petit oignon.

■ Égouttez les piments et recoupez-les en carrés de 1 cm. Garnissez des pique-olives avec 1 mini-pâtisson au vinaigre, 1 carré de piment et 1 olive.

**POUR 15 BANDERILLAS
DE CHAQUE VARIÉTÉ
PRÉPARATION : 45 MIN
DIFFICULTÉ : TRÈS FACILE
COÛT : RAISONNABLE**

Banderillas

Aux anchois et au comté
- *1 bocal d'anchois
  aux câpres roulés*
- *1 poivron rouge mariné*
- *1 petit morceau de comté*

Aux coquillages
- *15 pétoncles décoquillés*
- *1 petit bocal de moules
  à l'escabèche*
- *100 g d'olives noires
  à l'ail*

Aux légumes
- *2 poivrons (vert, rouge)*
- *60 g de petits oignons
  à la grecque*
- *100 g d'olives farcies
  au poivron*

Banderillas du Sud
- *1 petit bocal de feta
  à l'huile et aux herbes*
- *15 tranches de coppa*
- *1 petite boîte d'ananas
  en morceaux*

■ Enroulez chaque anchois dans 1 lamelle de poivron mariné (p. 48). Coupez des lamelles de comté à la taille des anchois. Piquez 2 anchois sur chaque pique-olives en intercalant 1 lamelle de comté.

■ Saisissez les pétoncles 1 min dans une poêle antiadhésive. Égouttez les moules. Dénoyautez les olives. Embrochez sur chaque pique-olives 1 pétoncle, 1 olive, 1 moule et 1 olive.

■ Rincez les poivrons, retirez les pédoncules, les graines et les filaments blancs et coupez la pulpe en carrés. Piquez sur chaque pique-olives 1 morceau de poivron vert, 1 petit oignon, 1 olive et 1 morceau de poivron rouge.

■ Égouttez les cubes de feta et l'ananas. Embrochez du fromage, 1 tranche de coppa roulée et de l'ananas sur des pique-olives.

POUR 12 BROCHETTES
PRÉPARATION : 15 MIN
MARINADE : 30 MIN
CUISSON : 6 À 8 MIN
DIFFICULTÉ : TRÈS FACILE
COÛT : RAISONNABLE

Gambas piquées à la citronnelle

- *18 gambas crues*
- *6 blancs de calamars*
- *12 bâtons de citronnelle*

Pour la marinade
- *1 cuil. à café de moutarde au piment*
- *3 cuil. à soupe de vin blanc sec*
- *6 cuil. à soupe d'huile d'olive*
- *1 pincée d'herbes de Provence*
- *Sel, poivre*

■ Décortiquez les gambas en ne gardant que la dernière partie du cartilage de la queue. Coupez dans la largeur les calamars. Nettoyez les bâtons de citronnelle. Piquez sur chacun 1 gamba, puis 1 morceau de calamar, renouvelez l'opération et terminez par 1 gamba (3 gambas et 2 morceaux de calamar par brochette).

■ Dans un bol, mélangez la moutarde avec le vin blanc. Ajoutez l'huile et les herbes ; salez et poivrez. Disposez les brochettes dans un plat et arrosez-les de marinade. Laissez mariner 30 min au réfrigérateur.

■ Dans une poêle, sur un gril ou au barbecue, faites cuire les brochettes 3 à 4 min de chaque côté et servez aussitôt.

CONSEIL

Vous pouvez servir ce plat avec une salade de tomates aux herbes, en utilisant la marinade comme vinaigrette, et un riz pilaf.

POUR 6 BROCHETTES
PRÉPARATION : 15 MIN
MARINADE : 1 H
CUISSON : 6 À 8 MIN
DIFFICULTÉ : TRÈS FACILE
COÛT : RAISONNABLE

Langoustines et tomates

– 24 grosses langoustines
– 18 tomates cocktail

Pour la marinade
– Le jus de 1 citron
– 8 cuil. à soupe d'huile
* d'olive*
– 4 brins de basilic
– Sel, poivre
– 6 piques à brochettes

■ Décortiquez les langoustines en ne gardant que la dernière partie de la queue. Versez le jus de citron dans un bol et ajoutez l'huile d'olive ; salez et poivrez. Mélangez bien.

■ Sur les piques, enfilez 1 langoustine, puis 1 tomate et alternez-les pour obtenir sur chaque brochette 4 langoustines et 3 tomates. Coupez finement le basilic et ajoutez-le à la marinade. Faites mariner les brochettes dans ce mélange pendant 1 h au réfrigérateur.

■ Dans une poêle, sur un gril ou au barbecue, faites cuire les brochettes 3 à 4 min de chaque côté et servez-les aussitôt.

CONSEILS

Vous pouvez servir ces brochettes avec une salade de tomates, mozzarella et basilic riche en fromage. Sinon, préparez un gratin de courgettes : coupez les courgettes en deux ; retirez-en les graines, émincez-les, puis faites-les revenir, dans une poêle, avec la marinade. Quand elles sont dorées, disposez-les dans un plat à gratin. Mélangez 2 œufs avec 20 cl de crème fraîche, du sel et du poivre et versez ce mélange sur les courgettes. Recouvrez de mozzarella et faites gratiner.

POUR 6 BROCHETTES
PRÉPARATION : 15 MIN
MARINADE : 1 H
CUISSON : 10 MIN
DIFFICULTÉ : TRÈS FACILE
COÛT : RAISONNABLE

Thon et gambas

- *450 g de filet de thon blanc*
- *18 gambas de petite taille*
- *12 tomates cerise*

Pour la marinade
- *Le jus de 1 citron*
- *8 cuil. à soupe d'huile d'olive*
- *1 cuil. à café de pimenton (piment doux espagnol) ou de piment d'Espelette*
- *Sel, poivre*
- *6 piques à brochettes*

■ Coupez le thon en 24 cubes. Versez le jus de citron dans un bol et ajoutez l'huile d'olive, le pimenton, du sel et du poivre. Mélangez bien.

■ Sur des piques, enfilez 1 tomate cerise, puis 1 cube de thon et 1 gamba. Alternez thon et gamba. Comptez pour chaque brochette 4 cubes de thon et 3 gambas. Terminez par 1 tomate. Faites mariner les brochettes pendant 1 h au réfrigérateur.

■ Dans une poêle, sur un gril ou au barbecue, faites cuire les brochettes 5 min de chaque côté et servez aussitôt.

CONSEIL

Vous pouvez servir ce plat avec une salade de fèves fraîches cuites à l'eau et de roquette : assaisonnez-la d'un peu de sel, de poivre et d'huile d'olive.

POUR 6 BROCHETTES
PRÉPARATION : 15 MIN
MARINADE : 1 H
CUISSON : 10 MIN
DIFFICULTÉ : TRÈS FACILE
COÛT : RAISONNABLE

Saumon et chorizo

- *450 g de filet de saumon*
- *1 chorizo piquant (200 g)*

Pour la marinade
- *Le jus de 1 citron vert*
- *8 cuil. à soupe d'huile d'olive*
- *1 cuil. à café de poudre à colombo*
- *Sel, poivre*
- *6 piques à brochettes*

■ Coupez le saumon en 24 gros cubes. Versez le jus de citron dans un bol et ajoutez l'huile d'olive, le colombo, du sel et du poivre. Mélangez bien. Coupez le chorizo en 30 tranches un peu épaisses.

■ Sur les piques, enfilez 1 rondelle de chorizo, puis 1 cube de saumon et alternez saumon et chorizo pour obtenir sur chaque brochette 4 cubes de poisson et 5 rondelles de chorizo. Faites mariner les brochettes pendant 1 h au réfrigérateur.

■ Dans une poêle, sur un gril ou au barbecue, faites cuire les brochettes 5 min de chaque côté et servez aussitôt.

CONSEIL

Vous pouvez servir ce plat avec une salade de pommes de terre. Utilisez des grenailles ou des rattes cuites à l'eau. Pour la vinaigrette, ajoutez du persil plat haché à la marinade.

POUR 6 BROCHETTES
PRÉPARATION : 15 MIN
MARINADE : 1 H
CUISSON : 10 MIN
DIFFICULTÉ : TRÈS FACILE
COÛT : RAISONNABLE

Fruits de mer au lard

- 6 tranches de poitrine de porc fumée
- 30 moules de bouchot
- 12 noix de saint-jacques
- 12 crevettes

Pour la marinade
- 10 brins de coriandre
- Le jus de 1 citron vert
- 8 cuil. à soupe d'huile d'olive
- Sel, poivre
- 6 piques à brochettes

■ Coupez les tranches de poitrine en deux dans le sens de la longueur, puis en deux dans le sens de la largeur. Nettoyez les moules et retirez les fils noirs qui dépassent de la coquille. Mettez-les dans une casserole avec un fond d'eau et faites cuire 5 min jusqu'à ce que toutes les moules soient ouvertes. Retirez-les de leur coquille.

■ Préparez la marinade. Effeuillez et hachez la coriandre. Versez le jus de citron dans un bol et ajoutez l'huile d'olive, la coriandre, du sel et du poivre. Mélangez bien.

■ Sur les piques, enfilez successivement 1 moule, puis 1 crevette enroulée dans le lard, 1 moule, 1 noix enroulée dans le lard, puis 1 moule, afin d'obtenir par brochette 2 crevettes, 2 noix et 5 moules. Faites mariner les brochettes 1 h au réfrigérateur.

■ Dans une poêle, sur un gril ou au barbecue, faites cuire les brochettes 5 min de chaque côté et servez.

CONSEIL

Vous pouvez servir ce plat avec une salade de lentilles cuites. Utilisez la marinade comme vinaigrette et ajoutez un peu de gingembre haché et des tout petits dés de carotte crue.

POUR 6 BROCHETTES
PRÉPARATION : 15 MIN
MARINADE : 1 H
CUISSON : 10 MIN
DIFFICULTÉ : TRÈS FACILE
COÛT : BON MARCHÉ

Mérou au piment d'Espelette

- *900 g de mérou*

Pour la marinade
- *10 brins d'aneth*
- *Le jus de 1 citron vert*
- *8 cuil. à soupe d'huile d'olive*
- *1 cuil. à café de coriandre en poudre*
- *1 cuil. à café de piment d'Espelette*
- *Sel, poivre*
- *6 piques à brochettes*

■ Coupez le mérou en gros cubes. Préparez la marinade : hachez l'aneth, mélangez le jus de citron et l'huile. Ajoutez la coriandre, le piment, du sel, du poivre et l'aneth.

■ Enfilez les cubes de mérou sur les piques et faites mariner les brochettes pendant 1 h au réfrigérateur.

■ Dans une poêle, sur un gril ou au barbecue, faites cuire les brochettes 5 min de chaque côté et servez aussitôt.

POUR 6 BROCHETTES
PRÉPARATION : 15 MIN
MARINADE : 1 H
CUISSON : 10 MIN
DIFFICULTÉ : TRÈS FACILE
COÛT : BON MARCHÉ

Foies de volaille et lard

- *800 g de foies de volaille*
- *6 grosses tranches de lard fumé*
- *2 poivrons rouges*
- *2 poivrons verts*

Pour la marinade
- *2 brins de sauge*
- *5 cuil. à soupe de vin blanc*
- *10 cuil. à soupe d'huile d'olive*
- *Sel, poivre*
- *6 piques à brochettes*

■ Retirez soigneusement la couenne des tranches de lard ainsi que le cartilage. Coupez-les ensuite en gros lardons (suffisamment gros pour être piqués sur des brochettes). Retirez les pédoncules des poivrons. Puis ouvrez-les en deux pour retirer toutes les graines. Coupez-les ensuite en gros cubes.

■ Hachez les feuilles de sauge. Mélangez le vin, l'huile, du sel, du poivre et les feuilles de sauge. Séparez les foies en deux, puis mettez-les sur les piques en alternant avec les lardons et les morceaux de poivrons rouges et verts. Faites mariner les brochettes pendant 1 h au réfrigérateur.

■ Dans une poêle, sur un gril ou au barbecue, faites cuire les brochettes 5 min de chaque côté et servez aussitôt.

CONSEIL

Servez ces brochettes avec une salade de pâtes garnie de mozzarella, de tomates confites et d'olives noires.

POUR 6 BROCHETTES
PRÉPARATION : 15 MIN
MARINADE : 2 H
CUISSON : 10 MIN
DIFFICULTÉ : TRÈS FACILE
COÛT : BON MARCHÉ

Poulet mariné aux cinq-épices chinoises

– *6 filets de poulet*

Pour la marinade
– *1 botte de coriandre*
– *2 cm de gingembre*
– *6 cuil. à soupe de sauce soja*
– *1 cuil. à café de miel liquide*
– *1 cuil. à café de moutarde à l'ancienne*
– *1 cuil. à café de mélange cinq-épices*
– *Poivre*
– *6 piques à brochettes*

■ Effeuillez et hachez la coriandre. Épluchez et hachez le gingembre. Dans un plat, versez la sauce soja, le miel, la moutarde, les épices, la coriandre et le gingembre ; poivrez. Coupez le poulet en morceaux. Mélangez bien et laissez mariner le poulet pendant 2 h au réfrigérateur.

■ Sortez ensuite les morceaux de poulet de la marinade et enfoncez-les sur les piques. Dans une poêle, sur un gril ou au barbecue, faites cuire les brochettes 5 min de chaque côté et servez aussitôt.

CONSEILS

Accompagnez ces brochettes d'une salade de haricots verts, tomates cerise et bâtonnets de carottes cuites. Préparez la vinaigrette avec de l'huile d'olive, de la sauce soja et un peu de citron vert.

POUR 6 BROCHETTES
PRÉPARATION : 15 MIN
MARINADE : 2 H
CUISSON : 10 MIN
DIFFICULTÉ : TRÈS FACILE
COÛT : BON MARCHÉ

Cœur d'agneau, tomates et harissa

- *900 g de cœurs d'agneau*
- *2 oignons rouges*
- *18 tomates cerise*

Pour la marinade
- *1 cuil. à soupe de vin blanc*
- *8 cuil. à soupe d'huile d'olive*
- *1 cuil. à café de harissa*
- *Sel*
- *6 piques à brochettes*

■ Passez les cœurs d'agneau sous l'eau froide, retirez le gras s'il en reste et coupez-les afin d'obtenir 24 morceaux. Épluchez et coupez les oignons rouges en 6 quartiers. Dans un bol, mélangez le vin, l'huile, la harissa et un peu de sel.

■ Sur les piques, enfilez successivement 1 quartier d'oignon, puis alternez 4 morceaux de cœur et 3 tomates cerise avant de terminer par 1 quartier d'oignon. Badigeonnez vos brochettes de marinade et laissez reposer 2 h au réfrigérateur.

■ Sortez les brochettes de la marinade et égouttez-les rapidement. Dans une poêle, sur un gril ou au barbecue, faites-les cuire 5 min de chaque côté et servez aussitôt.

CONSEILS

L'accompagnement idéal de ce plat : une salade de pois chiches et de raisins secs au cumin. Préparez la vinaigrette avec de l'huile d'olive, du citron jaune et une pointe de piment et de gingembre.

POUR 6 BROCHETTES
PRÉPARATION : 15 MIN
MARINADE : 2 H
CUISSON : 10 MIN
DIFFICULTÉ : TRÈS FACILE
COÛT : RAISONNABLE

Gigot d'agneau aux raisins secs et safran

- *900 g de gigot d'agneau désossé*
- *100 g de gros raisins secs (en supermarchés ou dans les épiceries fines)*

Pour la marinade
- *8 cuil. à soupe d'huile d'olive*
- *2 cuil. à soupe de vin blanc moelleux*
- *2 doses de safran en filaments*
- *Sel, poivre*
- *6 piques à brochettes*

■ Coupez le gigot en gros cubes de 3 cm de côté. Enfoncez-les sur les piques en alternant avec les raisins secs.

■ Dans un bol, mélangez l'huile d'olive, le vin, le safran, du sel et du poivre. Badigeonnez les brochettes de ce mélange et laissez mariner 2 h au réfrigérateur.

■ Égouttez rapidement les brochettes. Dans une poêle, sur un gril ou au barbecue, faites-les cuire 5 min de chaque côté et servez aussitôt.

CONSEIL

Servez ces brochettes avec une salade sucrée-salée du type coleslaw, ou alors une salade de chou chinois aux raisins secs ; préparez alors une vinaigrette avec un mélange crème fraîche, huile d'olive et une touche de vin blanc sucré.

POUR 6 BROCHETTES
PRÉPARATION : 15 MIN
MARINADE : 1 H
CUISSON : 10 MIN
DIFFICULTÉ : TRÈS FACILE
COÛT : RAISONNABLE

Râbles de lapin, pruneaux et abricots

- 900 g de râbles de lapin
- 30 pruneaux d'Agen
- 30 abricots moelleux

Pour la marinade
- 1 gousse d'ail
- 10 brins de sauge
- 2 cuil. à soupe
  de vinaigre balsamique
- 8 cuil. à soupe d'huile
  d'olive
- Sel, poivre
- 6 piques à brochettes

■ Coupez les râbles en 24 morceaux. Épluchez et hachez la gousse d'ail. Effeuillez et hachez les feuilles de sauge. Sur les piques, enfilez 1 pruneau, 1 abricot et 1 morceau de viande et ainsi de suite jusqu'à obtenir une brochette avec 4 morceaux de viande, 5 pruneaux et 5 abricots.

■ Dans un bol, mélangez l'ail, la sauge, le vinaigre et l'huile ; salez et poivrez. Badigeonnez-en les brochettes et laissez reposer 1 h au réfrigérateur.

■ Égouttez rapidement les brochettes. Dans une poêle, sur un gril ou au barbecue, faites-les cuire 5 min de chaque côté et servez aussitôt.

CONSEIL

Ces brochettes étant suffisamment riches, accompagnez-les simplement d'une salade ou d'un mesclun et servez le tout avec diverses moutardes et du bon pain.

POUR 6 BROCHETTES
PRÉPARATION : 20 MIN
MARINADE : 2 H
CUISSON : 10 MIN
DIFFICULTÉ : TRÈS FACILE
COÛT : BON MARCHÉ

Poulet mariné, oignons et poivrons

- *6 blancs de poulet*
- *1 poivron rouge*
- *1 poivron vert*
- *1 oignon rouge*
- *12 tomates cerise*

Pour la marinade
- *2 feuilles de laurier*
- *2 brins de thym*
- *2 brins de romarin*
- *8 cuil. à soupe d'huile d'olive*
- *Le zeste de 1 citron*
- *Fleur de sel et poivre à steak*
- *6 piques à brochettes*

■ Écrasez les feuilles de laurier et mettez les herbes dans un grand plat avec l'huile, le zeste de citron, du sel et du poivre.

■ Coupez le poulet en cubes de 2 cm de côté. Retirez le pédoncule des poivrons, coupez-les en deux, retirez les graines et les membranes blanches, puis coupez-les en morceaux de 2 cm de côté. Épluchez l'oignon et coupez-le en 6 gros quartiers. Rincez les tomates cerise.

■ Sur les piques, enfilez 1 tomate cerise, puis alternez morceaux de poulet et morceaux de poivrons, en plaçant 1 quartier d'oignon rouge au milieu et en terminant par 1 tomate cerise. Laissez les brochettes pendant 2 h dans la marinade, au réfrigérateur, en les retournant aussi souvent que possible.

■ Sortez les brochettes de la marinade et égouttez-les rapidement. Dans une poêle, sur un gril ou au barbecue, faites cuire les brochettes 5 min de chaque côté et servez aussitôt.

CONSEIL

Dégustez cette recette avec une salade de mâche et de pommes de terre aux noisettes. Utilisez la marinade comme vinaigrette.

POUR 6 BROCHETTES
PRÉPARATION : 20 MIN
CUISSON : 10 MIN
DIFFICULTÉ : TRÈS FACILE
COÛT : BON MARCHÉ

Bœuf façon kefta

- *900 g de viande de bœuf hachée*
- *1 oignon rouge*
- *1 gousse d'ail*
- *1 botte de coriandre*
- *1 botte de persil plat*
- *2 cuil. à café de mélange d'épices marocaines (ras-el-hanout)*
- *1 cuil. à café de cumin en poudre*
- *Sel, poivre*
- *6 piques à brochettes*

■ Épluchez l'oignon et la gousse d'ail. À l'aide d'un couteau, découpez-les en petits cubes. Hachez finement les herbes. Mélangez le tout à la viande. Assaisonnez avec les épices, du sel et du poivre et malaxez longuement pour lier intimement tous les ingrédients.

■ Formez 24 petites saucisses avec vos mains préalablement humidifiées. Enfilez-en 4 sur chaque pique en bois. Posez les brochettes sur un barbecue, un gril ou dans une poêle huilée et laissez cuire environ 5 min de chaque côté.

CONSEIL

Servez ces brochettes avec des pains pita que vous pourrez fourrer de salade, de tomate, d'oignon émincé et de yaourt.

POUR 6 BROCHETTES
PRÉPARATION : 20 MIN
MARINADE : 2 H
CUISSON : 15 MIN
DIFFICULTÉ : TRÈS FACILE
COÛT : BON MARCHÉ

Poulet tandoori

- *6 filets de poulet*

Pour la marinade
- *2 cm de gingembre frais*
- *1 gousse d'ail*
- *2 yaourts à la grecque*
- *1 cuil. à café de coriandre en poudre*
- *2 cuil. à café de garam masala (mélange d'épices)*
- *1/2 cuil. à café de curcuma*
- *1 cuil. à café de paprika*
- *Le jus de 1/2 citron vert*
- *3 cuil. à soupe d'huile*
- *Sel, poivre*
- *6 piques à brochettes*

■ Épluchez et hachez le gingembre et l'ail. Coupez le poulet en cubes et enfilez-les sur les piques.

■ Dans un bol, mélangez les yaourts avec les épices, l'ail, le gingembre, le jus de citron et l'huile. Salez et poivrez. Faites mariner les brochettes dans ce mélange pendant 2 h au réfrigérateur.

■ Sortez les brochettes de la marinade et égouttez-les rapidement. Dans une poêle, sur un gril ou au barbecue, faites cuire les brochettes 7 à 8 min de chaque côté et servez aussitôt.

CONSEILS

Vous pouvez ajouter, entre les morceaux de poulet, des oignons blancs coupés en quartiers, des tomates cerise ou des morceaux de poivrons. Accompagnez ces brochettes d'un bon riz basmati et utilisez la marinade comme sauce d'accompagnement.

POUR 6 BROCHETTES
PRÉPARATION : 20 MIN
MARINADE : 2 H
CUISSON : 10 MIN
DIFFICULTÉ : TRÈS FACILE
COÛT : BON MARCHÉ

Magrets de canard et pommes de terre

- *6 petits magrets de canard*
- *30 pommes de terre (grenailles)*

Pour la marinade
- *2 gousses d'ail*
- *1/2 de botte de persil plat*
- *8 cuil. à soupe d'huile d'olive*
- *Sel, poivre*
- *6 piques à brochettes*

■ Faites cuire les pommes de terre dans une casserole d'eau salée, sans les peler. Épluchez et hachez l'ail. Hachez le persil. Dans un plat, mélangez l'ail, le persil, l'huile, du sel et du poivre.

■ Coupez les magrets en quatre. Sur les piques, alternez grenailles et morceaux de canard. Disposez les brochettes dans le plat et laissez-les mariner au réfrigérateur pendant 2 h en les retournant aussi souvent que possible.

■ Dans une poêle, sur un gril ou au barbecue, faites cuire les brochettes 5 min de chaque côté et servez aussitôt.

CONSEIL

Servez simplement une salade verte avec ces brochettes et accompagnez-les de mayonnaise, de poivre à steak ou bien encore de poivre vert.

POUR 6 BROCHETTES
PRÉPARATION : 20 MIN
MARINADE : 2 H
CUISSON : 10 MIN
DIFFICULTÉ : TRÈS FACILE
COÛT : BON MARCHÉ

Filet mignon mariné au citron confit

- *900 g de filet mignon de porc*

Pour la marinade
- *2 citrons jaunes*
- *2 branches de serpolet ou de thym frais*
- *8 cuil. à soupe d'huile d'olive*
- *Sel, poivre*
- *6 piques à brochettes*

■ Pelez les citrons pour récupérer les zestes. Mettez-les dans une casserole d'eau froide. Portez à ébullition, puis égouttez-les. Recommencez cette opération deux fois. Hachez ensuite les zestes.

■ Pressez les citrons. Frottez entre vos mains le serpolet pour en retirer les feuilles et mettez-les dans un grand plat avec le jus de citron, l'huile, les zestes confits, un peu de sel et de poivre. Coupez les filets mignons en médaillons et enfilez-les sur les piques. Laissez mariner les brochettes au réfrigérateur pendant 2 h en les retournant aussi souvent que possible.

■ Dans une poêle, sur un gril ou au barbecue, faites cuire les brochettes 5 min de chaque côté et servez aussitôt.

CONSEIL

Vous pouvez servir ces brochettes avec une poêlée de courgettes froide en l'assaisonnant de marinade ou alors avec une salade de fenouil cru et coupé très fin, assaisonnée elle aussi avec la marinade.

POUR 6 BROCHETTES
PRÉPARATION : 15 MIN
MARINADE : 2 H
CUISSON : 15 MIN
DIFFICULTÉ : TRÈS FACILE
COÛT : RAISONNABLE

Bœuf aux rognons et lard

- *600 g de rumsteck*
- *12 rognons de veau*
- *6 tranches épaisses de lard frais*

Pour la marinade
- *4 à 5 branches de thym frais*
- *2 gousses d'ail*
- *8 cuil. à soupe d'huile d'olive*
- *1 cuil. à café de paprika*
- *Fleur de sel, poivre à steak*
- *6 piques à brochettes*

■ Roulez le thym entre vos mains pour retirer les brins. Épluchez et hachez l'ail. Dans un plat, mélangez-les avec l'huile d'olive, le paprika, du sel et du poivre.

■ Coupez le rumsteck en gros cubes de 3 cm de côté. Dégraissez et découpez les rognons en tranches de 1 cm. Coupez les tranches de lard en gros lardons. Sur les piques, alternez rognons, rumsteck et lard. Mettez les brochettes dans la marinade et enrobez-les bien. Laissez-les mariner 2 h au réfrigérateur, en les retournant aussi souvent que possible.

■ Dans une poêle, sur un gril ou au barbecue, faites cuire les brochettes 7 à 8 min de chaque côté et servez sans attendre.

CONSEIL

Avec une recette aussi simple, rien de mieux qu'un assortiment de vraies crudités maison : des carottes râpées, une salade de betterave et, mon péché mignon, du céleri-rave.

POUR 6 BROCHETTES
PRÉPARATION : 40 MIN
CUISSON : 15 MIN
REPOS : 5 MIN
DIFFICULTÉ : TRÈS FACILE
COÛT : CHER

Cailles aux raisins

- *6 cailles*
- *24 tranches de poitrine de porc nature*
- *1 grappe de gros raisin noir*
- *Sel, poivre*
- *6 piques à brochettes*

■ Demandez au boucher de vous préparer les cailles en levant les filets et en découpant les cuisses. Sur chaque pique, enfilez horizontalement 1 morceau de caille enroulé dans 1 tranche de poitrine, puis 1 grain de raisin. Recommencez l'opération jusqu'à obtenir sur chaque brochette 4 morceaux de caille (2 blancs et 2 cuisses). Salez et poivrez.

■ Dans une poêle, sur un gril ou au barbecue, faites cuire les brochettes 7 à 8 min de chaque côté. Les brochettes doivent cuire doucement car elles sont peu épaisses. Elles risqueraient de se dessécher. Placez-les à la fin de la cuisson dans une feuille d'aluminium et laissez reposer ainsi pendant 5 min. Servez bien chaud.

CONSEIL

Servez ces brochettes accompagnées d'une salade de pommes de terre aux oignons et aux lardons. Préparez une vinaigrette à base de vin blanc et de moutarde Savora.

POUR 6 BROCHETTES
PRÉPARATION : 20 MIN
MARINADE : 1 NUIT
CUISSON : 15 MIN
DIFFICULTÉ : TRÈS FACILE
COÛT : BON MARCHÉ

Poulet tikka

– 6 blancs de poulet

Pour la marinade
– 2 cm de gingembre
– 1 gousse d'ail
– Le jus de 2 citrons verts
– 2 yaourts à la grecque
– 1 cuil. à café de piment
* rouge en poudre*
– 1 cuil. à soupe de garam
* massala*
– 1 cuil. à soupe
* de coriandre moulue*
– 4 cuil. à soupe d'huile
* végétale*
– Sel, poivre
– 6 piques à brochettes

■ La veille, épluchez et hachez le gingembre et l'ail. Coupez le poulet en cubes et enfilez-les sur les piques.

■ Dans un bol, mélangez le gingembre, l'ail, le jus de citron, les yaourts, le piment, les épices et l'huile. Salez et poivrez. Faites mariner les brochettes dans ce mélange, au réfrigérateur.

■ Le jour même, sortez les brochettes de la marinade et égouttez-les rapidement. Dans une poêle, sur un gril ou au barbecue, faites cuire les brochettes 7 à 8 min de chaque côté et servez aussitôt.

CONSEIL

Accompagnez ces brochettes de nan breads nature dans lequel vous pouvez ajouter des tomates émincées, de la coriandre, de la salade et un peu de marinade.

POUR 6 BROCHETTES
PRÉPARATION : 20 MIN
MARINADE : 2 H
CUISSON : 15 MIN
DIFFICULTÉ : TRÈS FACILE
COÛT : BON MARCHÉ

Porc laqué

- *900 g de filet de porc ou de filet mignon*

Pour la marinade
- *2 gousses d'ail*
- *2 cm de gingembre*
- *150 g de cassonade*
- *10 cl de vinaigre de riz*
- *10 cl de sauce soja*
- *1 cuil. à café de mélange cinq-épices*
- *Poivre*
- *6 piques à brochettes*

Épluchez puis hachez l'ail et le gingembre. Dans une poêle, faites fondre la cassonade. Quand elle commence à caraméliser, baissez le feu et, sans cesser de remuer, versez le vinaigre et la sauce soja (faites attention aux projections). Portez à ébullition et ajoutez le gingembre, l'ail, les épices et du poivre. Ôtez du feu et laissez refroidir.

Coupez le porc en gros cubes et enfilez-les sur les piques. Mettez les brochettes à mariner pendant 2 h dans la sauce, au réfrigérateur.

Dans une poêle, sur un gril ou au barbecue, faites cuire les brochettes 7 à 8 min sur un côté, trempez-les dans la marinade, puis faites-les cuire de l'autre côté 7 à 8 min. Servez aussitôt.

POUR 4 PERSONNES
PRÉPARATION : 30 MIN
CUISSON : 20 MIN
DIFFICULTÉ : DIFFICILE
COÛT : CHER

Aumônières
aux fruits de mer

- *5 feuilles de brick*
- *400 g de lotte*
  en morceaux
- *600 g de crevettes*
- *1 litre de moules*
  de bouchots
- *2 poireaux et 4 lanières*
  de poireau
- *2 échalotes*
- *50 g de beurre*
- *2 cuil. à soupe de crème*
  fraîche
- *10 cl de cidre*
- *4 cuil. à soupe d'huile*
  de tournesol
- *Sel, poivre*

■ Préchauffez le four à 220 °C (th. 7). Trempez les lanières de poireau dans de l'eau bouillante. Égouttez.

■ Nettoyez les moules et faites-les ouvrir à feu vif. Décoquillez-les et gardez le jus.

■ Pelez les poireaux et lavez-les avant de les couper en fines rondelles. Faites-les fondre à feu doux dans une poêle avec un tiers du beurre. Salez et poivrez.

■ Faites revenir les échalotes émincées dans un tiers du beurre. Ajoutez le jus des moules et le cidre. Laissez réduire et ajoutez la crème. Salez et poivrez.

■ Faites revenir la lotte 3 min dans une poêle avec le reste de beurre. Mettez le poisson dans une jatte avec la sauce et les moules. Dans la même poêle, faites cuire les crevettes 5 min, puis décortiquez-les.

■ Découpez 4 ronds dans une feuille de brick, huilez-les avant de les poser au centre de chaque feuille entière huilée. Répartissez la garniture. Refermez avec une lanière de poireau. Faites cuire au four 5 min.

POUR 4 PERSONNES
PRÉPARATION : 20 MIN
CUISSON : 20 MIN
DIFFICULTÉ : FACILE
COÛT : RAISONNABLE

Bouchées de loup de mer

- 4 feuilles de brick
- 8 filets de loup de mer
- 20 cl de crème fraîche liquide
- 20 g de beurre
- 300 g de carottes
- 300 g de poireaux
- 300 g de courgettes
- 1 petit bouquet de coriandre
- 8 brins de ciboulette
- 4 gousses d'ail
- 1/4 de cuil. à café de curry
- 4 cuil. à soupe d'huile d'olive
- Sel, poivre

■ Préchauffez le four à 220 °C (th. 7). Pelez les carottes, les poireaux et les courgettes. Faites des lamelles avec un couteau économe et redécoupez-les en filaments.

■ Dans une poêle, faites revenir les légumes dans le beurre à feu doux, pendant 5 min. Ajoutez le curry. Les légumes doivent rester fermes.

■ Jetez la ciboulette dans de l'eau bouillante salée, pendant 1 min. Retirez-la. Faites bouillir les gousses d'ail 5 min. Puis, enlevez la peau et écrasez-les dans la crème. Faites chauffer ce mélange avec l'huile d'olive et gardez-le au chaud.

■ Dans chaque feuille de brick, déposez 1 filet de poisson et un quart des légumes. Salez et poivrez. Recouvrez avec 1 autre filet de loup et décorez de quelques feuilles de coriandre. Roulez la feuille délicatement et fermez chaque extrémité de la bouchée avec 1 brin de ciboulette.

■ Déposez-les sur une plaque huilée allant au four et faites-les cuire 10 min. Servez immédiatement dans chaque assiette nappée de sauce à la crème aillée.

POUR 4 PERSONNES
PRÉPARATION : 20 MIN
CUISSON : 2 MIN
DIFFICULTÉ : FACILE
COÛT : RAISONNABLE

Croustillants de crabe aux herbes

- *8 feuilles de brick*
- *300 g de chair de crabe*
- *2 cuil. à soupe de crème fraîche épaisse*
- *Le jus de 1/2 citron*
- *1 échalote*
- *2 cuil. à soupe de ciboulette*
- *2 cuil. à soupe de basilic*
- *2 cuil. à soupe de persil plat*
- *4 cuil. à soupe de mayonnaise*
- *1/4 de cuil. à café de piment de Cayenne*
- *2 cuil. à soupe d'huile de tournesol*
- *Sel, poivre*

■ Préchauffez le four à 220 °C (th. 7). Pelez et coupez l'échalote en fines lamelles.

■ Badigeonnez les feuilles de brick avec l'huile de tournesol et placez-les deux par deux, en quinconce, pour former une fleur.

■ Disposez-les dans des ramequins ou sur la plaque du four et faites-les dorer pendant 2 min. Sortez-les délicatement et laissez-les refroidir dans l'assiette de service.

■ Dans un saladier, mélangez le reste des ingrédients : le crabe, la crème fraîche, la mayonnaise, l'échalote hachée, le basilic ciselé, la ciboulette et le persil hachés. Arrosez ensuite du jus de citron. Salez, poivrez et ajoutez le piment de Cayenne.

■ Remplissez les fleurs de brick froides avec cette préparation.

POUR 6 PERSONNES
PRÉPARATION : 35 MIN
CUISSON : 20 MIN
DIFFICULTÉ : DIFFICILE
COÛT : CHER

Lotte et saint-jacques en aumônière

– 6 feuilles de brick
– 500 g de noix
  de saint-jacques
– 500 g de lotte
  en morceaux
– 500 g de petites courgettes
– 500 g de poireaux
– 500 g de fèves fraîches
– Le jus de 1 citron
– 100 g de beurre
– 30 cl de crème fraîche
– Farine
– Huile de tournesol
– Sel, poivre

■ Préchauffez le four à 220 °C (th. 7). Lavez les légumes, coupez les courgettes en lanières. Pelez les fèves et coupez le blanc des poireaux en fines lamelles. Coupez 6 longues lanières de poireau.

■ Dans une casserole d'eau bouillante salée, versez la moitié du jus de citron, les fèves et les lanières de poireau. Au bout de 5 min, ajoutez les courgettes et laissez mijoter 3 min. Retirez-les du feu et gardez-en la moitié au chaud, avec les lanières de poireau.

■ Salez et poivrez la lotte et les saint-jacques, et roulez-les dans la farine. Dans une marmite en fonte, faites-les revenir 8 min dans le beurre, à feu moyen. Versez le reste du jus de citron, remuez, ajoutez les légumes et 20 cl de crème fraîche. Faites frémir 2 min à feu très doux. Versez le reste de crème.

■ Huilez les feuilles de brick et disposez-y le mélange poissons et légumes après l'avoir égoutté. Formez des aumônières et fermez-les avec les lanières de poireau. Faites les dorer 5 min au four chaud. Posez-les sur les assiettes de service et répartissez le reste des légumes.

POUR 4 PERSONNES
PRÉPARATION : 15 MIN
CUISSON : 5 MIN
DIFFICULTÉ : FACILE
COÛT : RAISONNABLE

Mille-feuille de saumon

- 4 feuilles de brick
- 4 tranches de saumon
  fumé
- 20 cl de crème fraîche
  épaisse
- 5 brins d'aneth
- 1 petit pot d'œufs
  de saumon
- 1 cuil. à café de moutarde
  verte en poudre
- Huile pour la friture

■ Coupez les tranches de saumon en fines lamelles. Gardez-les au frais.

■ Dans le bol d'un mixeur, fouettez la crème fraîche avec la moutarde verte et 3 brins d'aneth finement ciselés. Gardez au frais.

■ Découpez 4 ronds d'environ 10 cm de diamètre dans chaque feuille de brick.

■ Faites chauffer l'huile de friture dans une poêle. Faites-y frire les ronds de brick pendant 1 min chacun. Déposez-les, par quatre, sur du papier absorbant.

■ Au moment de servir, mélangez la moitié des œufs de saumon à la crème fraîche. Dans les 2 brins d'aneth restants, prélevez 10 brins pour la décoration.

■ Dans les assiettes de service, superposez 1 feuille de brick, 1 petite cuillerée de crème, puis 1 autre feuille de brick que vous recouvrez de lamelles de saumon. Recommencez l'opération et recouvrez de 1 feuille de brick décorée des œufs de saumon restants et de 1 brin d'aneth.

POUR 4 PERSONNES
PRÉPARATION : 30 MIN
CUISSON : 3 MIN
MARINADE : 20 MIN
DIFFICULTÉ : FACILE
COÛT : RAISONNABLE

Papillotes de saumon

- *8 feuilles de brick*
- *4 pavés de saumon frais de 100 g chacun environ*
- *4 poireaux fins*
- *1 bouquet de ciboulette*
- *3 cuil. à soupe de sauce soja*
- *4 cuil. à soupe d'huile d'olive*
- *2 cuil. à soupe d'huile de tournesol*
- *Poivre*

■ Mettez de côté 16 brins de ciboulette et découpez le reste en tout petits morceaux. Lavez bien les poireaux, gardez un peu de vert et coupez-les en rondelles très fines. Découpez chaque pavé de saumon en deux dans le sens de la longueur.

■ Dans un saladier, versez l'huile d'olive et la sauce soja. Ajoutez le saumon, du poivre, les poireaux en rondelles et la ciboulette coupée. Mélangez délicatement. Laissez mariner 20 min.

■ Préchauffez le four à 180 °C (th. 5-6). Jetez les 16 brins de ciboulette dans une casserole d'eau bouillante et laissez frémir 1 min. Séparez-les et mettez-les de côté.

■ Découpez les feuilles de brick en carrés de 18 cm. Superposez-les deux par deux. Formez les papillotes en roulant un morceau de saumon avec un peu de sauce de la marinade. Fermez chaque extrémité avec un brin de ciboulette. Avec l'huile de tournesol, huilez une plaque allant au four et déposez-y les papillotes. Faites cuire 2 min. Servez chaud avec un peu de sauce soja.

POUR 4 PERSONNES
PRÉPARATION : 30 MIN
CUISSON : 25 MIN
DIFFICULTÉ : DIFFICILE
COÛT : RAISONNABLE

Aumônières d'agneau et de poivrade

- *5 feuilles de brick*
- *8 côtelettes d'agneau*
- *200 g de foies de volaille*
- *20 petits artichauts poivrade*
- *1/2 citron*
- *100 g de beurre*
- *2 cuil. à soupe d'huile de tournesol*
- *3 cuil. à soupe de fond de volaille*
- *Sel, poivre*

■ Préchauffez le four à 220 °C (th. 7). Épluchez 12 artichauts en ne conservant que les fonds. Épluchez-en 8 en gardant le cœur et le bas des feuilles. Faites-les cuire 10 min dans de l'eau bouillante citronnée.

■ Dans une cocotte, faites dorer les côtelettes et les foies de volaille dans 50 g de beurre 10 min. Retirez-les et déglacez la cocotte avec le fond de volaille. Portez à ébullition. Dans ce jus, disposez les cœurs et les fonds d'artichauts et laissez légèrement cuire pendant 2 min. Salez et poivrez. Réservez.

■ Enlevez la noix des côtelettes d'agneau et coupez les foies de volaille en morceaux. Dans une feuille de brick, découpez 4 ronds de 10 cm de diamètre.

■ Badigeonnez chaque feuille de brick de beurre fondu. Sur une plaque huilée, posez une feuille et disposez au centre un rond de brick. Garnissez de 2 noix de côtelette, de morceaux de foies et de 3 fonds d'artichauts. Arrosez de 1 cuil. de sauce et fermez avec un fil alimentaire. Faites dorer 5 min au four. Servez chaque aumônière nappée du reste de sauce et décorée avec 2 cœurs d'artichauts coupés en deux.

POUR 6 PERSONNES
PRÉPARATION : 45 MIN
CUISSON : 35 MIN
DIFFICULTÉ : DIFFICILE
COÛT : RAISONNABLE

Aumônières de boudin antillais

- *8 feuilles de brick*
- *12 boudins antillais*
- *8 pommes golden*
- *48 grains de raisin vert*
- *1 bouquet de cives*
  ou des oignons fins
- *80 g de beurre*
- *1 cuil. à soupe*
  de vinaigre de cidre
- *1/4 de cuil. à café*
  de gingembre en poudre
- *Huile de tournesol*
- *Sel, poivre*

■ Lavez, pelez et épépinez les grains de raisin. Pelez les cives en ne gardant que la partie blanche et faites-les fondre dans une poêle avec 30 g de beurre et un peu de sel. Ajoutez 20 cl d'eau et laissez cuire à feu doux jusqu'à ce que toute l'eau soit évaporée.

■ Pelez 5 pommes et préparez-les en compote en les faisant cuire avec 20 cl d'eau et le gingembre. Pelez les 3 pommes restantes et coupez-les en tranches. Faites-les dorer dans le reste de beurre. Dans les cives, ajoutez 30 grains de raisin. Salez, poivrez et vinaigrez.

■ Dans une casserole d'eau bouillante, sur feu doux, faites pocher les boudins. Retirez-les au bout de 2 min. Enlevez la peau. Préchauffez le four à 220 °C (th. 7).

■ Découpez 6 ronds de 10 cm de diamètre dans 2 feuilles de brick. Huilez. Sur une plaque huilée posez 1 feuille de brick et un rond par dessus. Ajoutez de la compote et des cives. Ajoutez la chair d'un boudin et demi.

■ Refermez avec un fil alimentaire. Laissez dorer 10 min. Servez chaque aumônière avec les cives et le boudin restants, les pommes en tranches et 3 grains de raisin.

POUR 18 BRIOUATS
PRÉPARATION : 20 MIN
CUISSON : 10 MIN
DIFFICULTÉ : FACILE
COÛT : BON MARCHÉ

Briouats à la kefta

- *9 feuilles de brick*
- *500 g de bœuf haché*
- *2 oignons*
- *3 gousses d'ail*
- *1/2 bouquet de persil*
- *1 œuf*
- *100 g de baguette rassie*
- *1 cuil. à café de cumin*
- *1 cuil. à café de niora concassé ou de paprika*
- *1 pincée d'harissa*
- *Huile pour la friture*
- *Sel, poivre*

■ Faites tremper le pain dans un bol d'eau tiède. Séparez le jaune du blanc d'œuf.

■ Pelez les oignons et l'ail. Mixez-les avec le pain et le persil.

■ Dans un saladier, mélangez la viande crue avec les ingrédients mixés et le jaune d'œuf. Ajoutez le cumin, le niora et la harissa. Salez et poivrez.

■ Coupez les feuilles de brick en deux et déposez un peu de viande à 5 cm environ du bord de la feuille. Rabattez les côtés et roulez. Soudez avec le blanc d'œuf. Comptez 3 briouats par personne. Faites-les frire 5 min avant de servir.

CONSEIL

Servez avec des tomates à la provençale ou une salade de tomates fraîches, des concombres, des poivrons, du citron...

POUR 4 PERSONNES
PRÉPARATION : 30 MIN
CUISSON : 50 MIN
DIFFICULTÉ : DIFFICILE
COÛT : RAISONNABLE

Croustillants de caille

- *12 feuilles de brick*
- *8 cailles*
- *4 pommes golden moyennes (pour la présentation)*
- *8 cuil. à soupe de compote de pommes non sucrée*
- *4 petits oignons*
- *400 g de raisin vert*
- *20 g de beurre*
- *1/4 de cuil. à café de gingembre*
- *8 cuil. à soupe d'huile de tournesol*

■ Faites rôtir les cailles au four avec 2 cuil. à soupe d'huile à 180 °C (th. 6), 25 à 30 min. Elles doivent être dorées et faciles à désosser. Laissez le four allumé.

■ Lavez, pelez et épépinez le raisin. Parfumez la compote avec le gingembre. Dans une poêle, faites dorer les oignons coupés en lamelles. Déchiquetez grossièrement la chair des cailles et réservez la sauce.

■ Dans une poêle, mélangez la compote, les oignons et le raisin. Laissez cuire pendant 3 min à feu doux. Versez les cailles et remuez délicatement.

■ Badigeonnez les feuilles de brick d'huile. Superposez-les trois par trois. Répartissez la farce au centre et repliez les côtés pour former 4 paquets. Retournez-les et faites une incision en croix sur le dessus. Posez-les sur une plaque huilée. Faites cuire 10 min à 210 °C (th. 7). Versez 1 cuil. de sauce par l'ouverture de chaque croustillant. Servez avec les pommes pelées, coupées et cuites à la poêle dans le beurre.

POUR 8 PERSONNES
PRÉPARATION : 1 H
CUISSON : 50 MIN
DIFFICULTÉ : DIFFICILE
COÛT : CHER

Pastilla fassia

- *12 feuilles de brick*
- *1 kg de bourguignon de bœuf*
- *4 coquelets*
- *1 kg d'oignons*
- *1 bouquet de coriandre ciselé*
- *6 œufs*
- *1 blanc d'œuf*
- *100 g de beurre*
- *500 g d'amandes grillées grossièrement broyées*
- *1 feuille de laurier*
- *4 cuil. à café de cannelle*
- *6 cuil. à soupe de sucre en poudre*
- *Sucre glace*
- *Huile de tournesol*
- *Sel, poivre*

■ Dans une cocotte-minute, faites chauffer 3 cuil. à soupe d'huile et ajoutez le bœuf, le laurier, sel et poivre. Fermez la cocotte et laissez cuire 10 min après que la soupape commence à tourner. Enlevez le laurier et broyez la viande. Gardez le jus.

■ Préchauffez le four à 220 °C (th. 7). Faites rôtir les coquelets 20 min, retirez-les du four, désossez-les et découpez la chair en lamelles. Mettez-les de côté. Laissez le four allumé.

■ Émincez les oignons et faites-les dorer dans une poêle avec 3 cuillerées à soupe d'huile. Versez les œufs battus par-dessus et retirez-les du feu lorsqu'ils sont encore très moelleux.

■ Dans un plat creux, versez 1 cm d'huile et humectez une à une les feuilles de brick. Égouttez-les en les chiffonnant. Huilez un plat rond. Déposez une feuille au centre et formez une corolle avec 5 ou 6 feuilles en les laissant déborder.

■ Déposez la viande hachée, ajoutez 2 cuil. à soupe de sucre, 1 cuil. à café de cannelle, le tiers des amandes et

de la coriandre et 2 ou 3 noix de beurre. Recouvrez de 3 feuilles de brick huilées.

■ Versez le mélange oignons et œufs et saupoudrez avec les mêmes ingrédients que pour la couche précédente. Recouvrez de 3 feuilles de brick huilées. Versez la chair des coquelets et saupoudrez avec les mêmes épices.

■ Rabattez les feuilles sur la pastilla et soudez-les avec le blanc d'œuf. Faites cuire au four 15 min. Retournez la pastilla dans le plat et remettez au four pendant 3 min. Décorez de sucre glace et de cannelle.

POUR 24 CHEVRETTES
PRÉPARATION ET
CUISSON : 10 MIN
DIFFICULTÉ : FACILE
COÛT : RAISONNABLE

Chevrettes au thym

- *1 pain aux noix de 340 g coupé en tranches*
- *1 morceau de bûche de chèvre de la longueur du pain (env. 24 cm)*
- *1 douzaine d'olives noires*
- *2 branches de thym*
- *80 g de beurre*
- *2 cuil. à soupe d'huile d'olive*
- *Poivre du moulin*

■ Versez l'huile dans un ramequin, émiettez le thym, mélangez-le à l'huile.

■ Grattez légèrement la croûte du fromage, puis coupez-le en rondelles de 4 à 5 mm d'épaisseur.

■ Allumez le gril. Beurrez légèrement 1 face de chaque tranche de pain, déposez 1 rondelle de fromage sur chaque tranche, badigeonnez d'huile au thym à l'aide d'un pinceau et poivrez.

■ Posez les tartines sur la lèchefrite du four et glissez-la sous le gril, le plus près possible, jusqu'à ce que le fromage soit juste chaud et commence à fondre.

■ Pendant ce temps, dénoyautez les olives et coupez-les en deux.

■ Déposez 1 demi-olive sur chaque tartine et servez.

POUR 24 À 30 DÔMES
PRÉPARATION : 20 MIN
CUISSON : 30 MIN
DIFFICULTÉ : FACILE
COÛT : RAISONNABLE

Dômes auvergnats

- *125 g de farine tamisée*
- *4 œufs*
- *60 g de beurre*
- *25 cl de lait*
- *75 g de saint-nectaire*
- *2 cuil. à soupe de vieux cantal râpé*
- *Sel, poivre*

Pour la dorure
- *1 jaune d'œuf*

■ Préchauffez le four à 190 °C (th. 6). Coupez le beurre en morceaux. Mettez-les dans une casserole assez grande avec le lait, 1 cuil. à café de sel et du poivre. Portez à ébullition.

■ Lorsque le beurre est fondu, retirez la casserole du feu et versez la farine, d'un seul coup. Mélangez rapidement à l'aide d'une spatule. Remettez la casserole sur un feu moyen et remuez vigoureusement, jusqu'à ce que la pâte se prenne en boule.

■ Retirez du feu et ajoutez 1 œuf, en mélangeant rapidement. Dès qu'il est absorbé par la pâte, ajoutez le deuxième œuf, puis ainsi de suite jusqu'à l'obtention d'une pâte molle ni coulante ni trop ferme.

■ Coupez le saint-nectaire en dés. Ajoutez-en les deux tiers à la pâte ainsi que le cantal. Déposez la pâte en petits tas, sur une tôle beurrée. Badigeonnez du jaune d'œuf délayé avec un peu d'eau et déposez le reste du saint-nectaire sur les dômes. Enfournez pour 20 min, puis augmentez la chaleur à 250 °C (th. 8-9) et laissez encore quelques minutes. Servez tiède ou froid.

POUR 12 PORTIONS
PRÉPARATION : 10 MIN
DIFFICULTÉ : TRÈS FACILE
COÛT : RAISONNABLE

Fourmettes aux noix

- *12 petites tranches de pain aux noix*
- *100 g de fourme d'Ambert*
- *12 cerneaux de noix*
- *2 cuil. à soupe de raisins secs*
- *40 g de beurre mou*
- *1 cuil. à dessert de cognac*

■ Travaillez le fromage avec le beurre. Ajoutez le cognac.

■ Passez les cerneaux de noix au robot pour les hacher grossièrement, sans les réduire en poudre. Ajoutez-les au mélange de beurre et de fromage.

■ Faites griller légèrement les tranches de pain. Tartinez-les avec le mélange précédent, déposez-les sur un plat, parsemez de raisins secs et servez.

POUR 15 À 18 CRÊPES
ÉGOUTTAGE : 30 MIN
PRÉPARATION : 15 MIN
CUISSON : 15 MIN
DIFFICULTÉ : FACILE
COÛT : BON MARCHÉ

Petites crêpes fourrées

– 200 g de fromage blanc
– 150 g de cantal de Salers
– 2 œufs
– 100 g de farine
– Sel, poivre

■ Faites égoutter le fromage blanc dans une passoire tapissée d'une gaze pendant 30 min au moins.

■ Préchauffez le four à 200 °C (th. 6-7). Huilez une plaque à pâtisserie.

■ Cassez les œufs en séparant les blancs des jaunes. Mettez les jaunes dans une jatte avec le fromage blanc, la farine, du sel et du poivre. Mélangez avec un fouet à main, sans battre. Ajoutez 1 pincée de sel aux blancs d'œufs et battez-les en neige bien ferme. Incorporez-les délicatement au mélange précédent.

■ Déposez la pâte sur la plaque par demi-cuillerée à soupe, en espaçant les tas qui vont s'étaler à la cuisson. Lissez-les avec le dos d'une fourchette trempée dans de l'eau froide. Mettez au four et laissez cuire 15 min.

■ Retirez les crêpes de la plaque et laissez-les tiédir. Coupez le cantal en lamelles un peu épaisses. Ouvrez les crêpes en deux dans l'épaisseur et glissez 1 ou 2 lamelles de cantal à l'intérieur.

POUR 12 À 15 PIROJKI
PRÉPARATION : 1 H
REPOS : 1 H 30
CUISSON : 15 À 20 MIN
DIFFICULTÉ : DIFFICILE
COÛT : RAISONNABLE

Pirojki au fromage

Pour la pâte
- 200 g de farine
- 100 g de beurre
- 1 œuf
- 2 pincées de sucre
- 2 pincées de sel

Pour la garniture
- 100 g de gruyère râpé
- 100 g d'épinards hachés
  congelés
- 3 branches d'aneth
- 1 œuf + 1 jaune
- 20 g de beurre
- Noix muscade
- Sel, poivre

Pour la dorure
- 1 jaune d'œuf

■ Mettez la farine dans une jatte, creusez un puits au centre, ajoutez le beurre coupé en petits morceaux, l'œuf, le sucre et le sel. Travaillez du bout des doigts en ajoutant 1 ou 2 cuil. à soupe d'eau pour obtenir une pâte homogène. Étalez la pâte, sur une épaisseur de 2 mm, pliez-la en quatre, étalez-la, puis repliez-la encore en quatre. Laissez-la reposer 1 h à température ambiante.

■ Préparez la garniture : faites décongeler les épinards à feu doux, puis laissez-les sécher jusqu'à ce que leur eau soit évaporée. Laissez tiédir.

■ Cassez l'œuf en séparant le blanc du jaune. Hachez l'aneth et ajoutez-le aux épinards froids ainsi que le fromage, les 2 jaunes d'œufs et le beurre. Salez et poivrez. Ajoutez 3 pincées de noix muscade.

■ Étalez la pâte et coupez-la en disques de 8 cm de diamètre. Préchauffez le four à 200 °C (th. 7). Battez le blanc d'œuf en neige ferme et incorporez-le aux épinards.

■ Répartissez la farce sur la partie inférieure des

disques de pâte. Humectez le tour et repliez la pâte sur la farce. Pressez bien tout autour avec les doigts. Déposez les pirojki sur une plaque beurée. Laissez reposer 30 min.

■ Battez le jaune d'œuf prévu pour la dorure avec un peu d'eau et badigeonnez-en le dessus des pirojki. Enfournez pour 15 à 20 min. Servez ces pirojki sans attendre ou faites-les réchauffer dans le four à température douce.

POUR 12 TARTINES
PRÉPARATION : 10 MIN
ÉGOUTTAGE : 15 MIN
CUISSON : 30 MIN
DIFFICULTÉ : TRÈS FACILE
COÛT : RAISONNABLE

Tartines rustiques au yaourt

- *12 petites tranches de pain de campagne d'au moins 1 cm d'épaisseur*
- *250 g de yaourt au lait de brebis (2 pots de 125 g)*
- *1 poivron rouge*
- *2 gousses d'ail*
- *1 cuil. à café de jus de citron*
- *5 cuil. à soupe d'huile d'olive*
- *2 pincées de sucre*
- *Sel*

■ Glissez le poivron sous le gril du four puis faites-le griller de tous côtés jusqu'à ce que la peau brunisse. Laissez-le tiédir, puis pelez-le, ôtez le pédoncule et les graines, taillez la chair en fines lanières et retaillez celles-ci en très petits morceaux. Mettez-les dans une passoire fine, salez-les, poudrez-les de sucre, mélangez et laissez égoutter 15 min.

■ Versez le yaourt dans une passoire très fine et laissez-le égoutter également.

■ Pelez l'ail, passez-le au presse-ail. Mettez le yaourt dans une jatte. Salez-le légèrement, ajoutez l'ail et le jus de citron. Mélangez, puis ajoutez peu à peu 3 cuil. à soupe d'huile d'olive en battant avec une fourchette. Incorporez le poivron et gardez au frais jusqu'au moment de servir.

■ Faites griller les tranches de pain, arrosez chacune de quelques gouttes d'huile d'olive, tartinez-les du mélange précédent, rangez-les sur un plat et servez.

POUR 15 TRIGONA
PRÉPARATION : 20 MIN
REPOS : 30 MIN
CUISSON : 15 MIN
DIFFICULTÉ : DIFFICILE
COÛT : RAISONNABLE

Trigona au fromage

- *250 g de pâte feuilletée*
- *150 g de feta (fromage de brebis)*
- *50 g de vieux comté râpé*
- *15 petites crevettes décortiquées*
- *3 branches d'aneth*
- *1 jaune d'œuf*
- *Poivre du moulin*

■ Étalez la pâte feuilletée le plus finement possible. Taillez-la en carrés de 6 cm de côté. Délayez le jaune d'œuf avec 1 cuil. à soupe d'eau. Badigeonnez légèrement la pâte de jaune d'œuf.

■ Émiettez la feta dans un saladier, ajoutez le comté râpé et poivrez largement. Hachez l'aneth avec des ciseaux et ajoutez-le. Mélangez le tout. Déposez un peu de cette farce dans un angle de chaque carré, posez 1 crevette dessus, repliez la pâte libre par-dessus, en diagonale, pour obtenir des petits triangles.

■ Posez les triangles sur une plaque à pâtisserie, badigeonnez le dessus d'œuf battu et laissez reposer 30 min.

■ Préchauffez le four à 220 °C (th. 7-8). Mettez la plaque dans le four, abaissez la température à 200 °C (th. 7), et laissez cuire 15 min jusqu'à ce que les triangles soient dorés.

POUR 16 BOUCHÉES
PRÉPARATION : 10 MIN
DIFFICULTÉ : TRÈS FACILE
COÛT : BON MARCHÉ

Bouchées au kiwi

– 3 tranches de jambon cru
– 2 kiwis pas trop mûrs

■ Pelez les kiwis, coupez-les en quatre et recoupez chaque quartier en deux.

■ Retirez le gras du jambon et coupez chaque tranche en bandes d'environ 3 cm de large sur 7 cm de long.

■ Déposez un morceau de kiwi sur chaque bande de jambon et maintenez le tout avec un pique-olives en le faisant dépasser des 2 côtés.

■ Rangez les bouchées sur un plat ou piquez-les sur un demi-pamplemousse ou un pain rond rassis.

CONSEIL

Veillez à ce que les tranches de jambon ne soient pas épaisses et ne comportent pas de peau du côté opposé au gras.

POUR 20 À 24 TARTINES
PRÉPARATION ET
CUISSON : 15 MIN
TREMPAGE : 2 À 3 H
DIFFICULTÉ : FACILE
COÛT : RAISONNABLE

Tartines de Collioure

– 5 ou 6 grandes tranches
  de pain de campagne
– 500 g de figues fraîches
– 5 filets d'anchois au sel
– 1 oignon doux
– 1 gousse d'ail
– 2 cuil. à soupe d'huile
  d'olive

■ Mettez les filets d'anchois dans une jatte d'eau froide et laissez-les tremper de 2 à 3 h pour les dessaler.

■ Égouttez les filets d'anchois, rincez-les et essuyez-les avec du papier absorbant. Pelez l'ail, coupez la gousse en deux et retirez le germe. Pressez la gousse au-dessus du bol du robot ménager.

■ Pelez les figues et coupez-les en morceaux. Mettez-les dans le bol du robot avec les anchois. Faites fonctionner l'appareil jusqu'à l'obtention d'une purée homogène.

■ Pelez l'oignon et hachez-le finement. Faites griller le pain. Arrosez chaque tranche de quelques gouttes d'huile d'olive, tartinez-les de l'anchoïade aux figues et parsemez-les d'oignon. Coupez-les en quatre et rangez-les sur un plateau.

POUR 18 GÂTEAUX
PRÉPARATION : 25 MIN
CUISSON : 15 MIN
DIFFICULTÉ : DIFFICILE
COÛT : BON MARCHÉ

Baklavas

- *10 feuilles de brick*
- *1/2 citron*
- *300 g de beurre*
- *200 g de pistaches crues non salées*
- *1 cuil. à soupe d'eau de fleur d'oranger*
- *3 cuil. à soupe de sucre glace*
- *300 g de sucre en poudre*

■ Préchauffez le four à 180 °C (th. 6). Dans une casserole d'eau bouillante, versez les pistaches décortiquées et laissez-les refroidir quelques minutes. Mondez les pistaches en enlevant leur peau. Mixez-les ensuite avec le sucre en poudre et l'eau de fleur d'oranger afin d'obtenir une pâte.

■ Découpez les feuilles de brick en carrés de 22 cm de côté et badigeonnez-les de beurre fondu sur les 2 faces. Sur une plaque recouverte de papier sulfurisé, superposez 5 feuilles de brick. Étalez la farce de pistaches sur toute la feuille et recouvrez avec les 5 feuilles de brick restantes.

■ Avec un couteau bien aiguisé, prédécoupez 9 carrés égaux sur la feuille du dessus. Redécoupez-les en triangles afin d'obtenir 18 gâteaux. Faites cuire au four 15 min. Dans une casserole, faites chauffer le sucre glace avec le jus de citron pour obtenir un sirop transparent. La cuisson est à point lorsqu'une goutte de sirop reste en boule sur une assiette.

■ Sortez les gâteaux du four et arrosez-les aussitôt avec le sirop. Déposez sur le plat de service.

POUR 75 CIGARES
PRÉPARATION : 1 H 15
CUISSON : 30 MIN
DIFFICULTÉ : DIFFICILE
COÛT : BON MARCHÉ

Cigares aux amandes

- *13 feuilles de brick*
- *1 orange ou 1 citron*
  non traités
- *1 œuf*
- *125 g d'amandes crues*
- *175 g de sucre en poudre*
- *1/2 cuil. à café*
  de cannelle
- *1 pot moyen de miel*
- *Huile pour la friture*

■ Faites bouillir de l'eau dans une casserole. Éteignez le feu, versez les amandes et couvrez. Attendez que l'eau soit tiède pour enlever la peau des amandes.

■ Lavez soigneusement l'orange ou le citron et prélevez 2 belles lamelles de peau. Mixez-les avec les amandes. Séparez le blanc du jaune d'œuf.

■ Mélangez les amandes broyées, le jaune d'œuf, le sucre et la cannelle. Formez des petits boudins de farce de 3 cm de long et de 1 cm d'épaisseur.

■ Coupez les feuilles de brick en 6 triangles égaux. Posez un boudin de farce sur la partie arrondie du triangle. Rabattez les côtés et roulez pour obtenir un cigare. Collez l'extrémité avec du blanc d'œuf.

■ Faites chauffer l'huile de friture dans une poêle. Laissez-y dorer les cigares pendant 15 min, puis égouttez-les sur du papier absorbant.

■ Faites chauffer, mais non bouillir, le miel dans une casserole. Trempez-y les cigares chauds par groupes de trois et disposez-les dans un plat.

POUR 6 PERSONNES
PRÉPARATION : 30 MIN
CUISSON : 6 MIN
DIFFICULTÉ : FACILE
COÛT : BON MARCHÉ

Cornets feuilletés à la feta

- 3 feuilles de brick
- 2 branches de coriandre
- 1 bouquet d'aneth
- 1 petit bouquet
  de ciboulette
- 150 g de feta
- 1 jaune d'œuf
- 2 cuil. à soupe d'huile
  d'olive
- Sel, poivre

■ Préchauffez le four à 220 °C (th. 7). Lavez soigneusement les herbes et essorez-les. Hachez finement la coriandre, la ciboulette et l'aneth.

■ Dans un saladier, émiettez la feta et ajoutez les herbes, le jaune d'œuf et l'huile d'olive. Poivrez, et salez au besoin.

■ Séparez les feuilles de brick et coupez-les en deux. Huilez bien chaque feuille sur les 2 faces.

■ Mettez 2 cuil. de farce dans chaque moitié de feuille et enroulez en cornet.

■ Posez les cornets sur une plaque du four bien huilée et faites dorer pendant 6 min environ. Servez chaud, de préférence avec une salade verte.

POUR 6 PERSONNES
PRÉPARATION : 20 MIN
CUISSON : 5 MIN
MACÉRATION : 10 MIN
DIFFICULTÉ : FACILE
COÛT : RAISONNABLE

Corolles de sorbet et fruits rouges

- 6 feuilles de brick
- 200 g de cerises
- 200 g de fraises
- 200 g de groseilles
- 200 g de framboises
- Le jus de 2 citrons
- Sorbet à la framboise
- 60 g de beurre
- 100 g de sucre en poudre

■ Préchauffez le four à 180 °C (th. 6). À l'aide d'une cuillère à glace, déposez 6 boules de sorbet à la framboise sur une assiette recouverte de papier sulfurisé. Mettez au congélateur.

■ Badigeonnez les 2 faces des feuilles de brick avec le beurre fondu. Disposez-les ensuite dans 6 ramequins et retournez légèrement les bords en forme de collerette. Posez les ramequins sur la plaque du four et faites dorer 5 min.

■ Sortez les feuilles de brick des ramequins et posez-les délicatement sur les assiettes à dessert.

■ Lavez, séchez, équeutez et coupez les fraises en morceaux. Lavez très délicatement les groseilles et séchez-les. Essuyez soigneusement les framboises. Lavez, équeutez et dénoyautez les cerises. Faites macérer 10 min dans le jus de citron et le sucre.

■ Déposez au centre de chaque corolle 1 boule de sorbet entourée des fruits rouges. Servez aussitôt dans des assiettes individuelles.

POUR 6 PERSONNES
PRÉPARATION : 25 MIN
CUISSON : 30 MIN
MACÉRATION : 15 MIN
DIFFICULTÉ : FACILE
COÛT : RAISONNABLE

Croustillant de mangue à la menthe

- *6 feuilles de brick*
- *6 mangues*
- *3 citrons non traités*
- *1 bouquet de menthe fraîche*
- *30 g de beurre*
- *6 cuil. à soupe de miel liquide*
- *6 graines d'anis étoilé*
- *200 g de sucre en poudre*

■ Préchauffez le four à 220 °C (th. 7). Pelez les mangues et coupez la chair en longs rubans à l'aide d'un couteau économe. Gardez-les au frais.

■ Lavez les citrons, prélevez-en le zeste et pressez-les. Faites macérer l'anis étoilé dans le jus des citrons pendant 15 min. Filtrez le jus et mélangez-le au miel.

■ Pour le sirop : faites cuire le sucre recouvert d'eau. Remuez souvent. Lorsqu'il est liquide, versez-y les zestes et remuez jusqu'à ce qu'ils deviennent transparents. Égouttez-les. Versez le mélange miel-citron dans le sirop.

■ Badigeonnez un moule de 20 cm de diamètre avec le beurre fondu, ainsi que chaque feuille de brick que vous poserez l'une sur l'autre dans le moule. Avant d'enfourner, posez une assiette allant au four sur les feuilles, afin d'éviter le gonflement à la cuisson. Faites dorer 3 min puis laissez refroidir.

■ Disposez les rubans de mangue sur les feuilles de brick, nappez avec le sirop citron-miel. Décorez avec de la menthe, les zestes de citron et l'anis étoilé.

POUR 4 PERSONNES
PRÉPARATION : 10 MIN
CUISSON : 3 MIN
DIFFICULTÉ : FACILE
COÛT : BON MARCHÉ

Feuilletés de chèvre et de noix

- *2 feuilles de brick*
- *1 beau chèvre moelleux et rond*
- *50 g de noix décortiquées*
- *1 cuil. à soupe d'huile de tournesol*

■ Préchauffez le four à 220 °C (th. 7). Coupez les feuilles de brick en deux et huilez-les. Coupez le chèvre en 4 parts égales de 1 cm d'épaisseur.

■ Déposez 1 rondelle de chèvre au milieu de la feuille. Déposez des morceaux de noix sur le fromage.

■ Rabattez les 2 côtés de la feuille et repliez ensuite pour obtenir un paquet.

■ Déposez sur une plaque huilée allant au four. Faites cuire 3 min.

■ Servez chaud avec un cerneau de noix, pour décorer, et accompagnez d'une belle salade verte.

POUR 20 BROCHETTES
PRÉPARATION : 10 MIN
DIFFICULTÉ : TRÈS FACILE
COÛT : BON MARCHÉ

Brochettes
de fruits rouges

- *20 fraises mara des bois*
- *20 framboises*
- *20 mûres*
- *20 piques à brochettes*

■ Retirez le pédoncule des fraises et lavez-les.

■ Sur chaque pique, enfilez 1 fraise, 1 framboise et 1 mûre. Servez aussitôt.

POUR 20 BROCHETTES
PRÉPARATION : 10 MIN
DIFFICULTÉ : TRÈS FACILE
COÛT : BON MARCHÉ

Brochettes melon, pastèque et framboises

– *1/2 melon de Cavaillon*
– *1 tranche de pastèque*
– *20 framboises*
– *20 piques à brochettes*
– *Cuillère parisienne*

■ Coupez le melon en deux et retirez les graines. À l'aide d'une cuillère parisienne, formez 20 billes de melon et 20 billes de pastèque.

■ Enfilez sur chaque pique 1 bille de melon, 1 bille de pastèque et terminez par 1 framboise.

POUR 20 BROCHETTES
PRÉPARATION : 10 MIN
DIFFICULTÉ : TRÈS FACILE
COÛT : BON MARCHÉ

Brochettes ananas, kiwi, raisins et menthe

- *1/2 ananas*
- *1 kiwi*
- *20 grains de raisin noir*
- *2 brins de menthe*
- *20 piques à brochettes*

■ Ôtez l'écorce de l'ananas, puis coupez-le en rondelles. Retirez le cœur dur et coupez ensuite chaque rondelle en quartiers ; il vous faut 20 quartiers. Procédez de même pour le kiwi. Lavez le raisin. Effeuillez ensuite la menthe et coupez-la très finement.

■ Sur chaque pique, enfilez 1 quartier d'ananas, 1 morceau de kiwi et 1 grain de raisin. Parsemez de menthe et servez aussitôt.

POUR 20 BROCHETTES
PRÉPARATION : 10 MIN
DIFFICULTÉ : TRÈS FACILE
COÛT : BON MARCHÉ

Brochettes fraises, fraises Tagada et marshmallows

– *20 fraises mara des bois*
– *20 fraises Tagada*
– *20 marshmallows*
– *20 piques à brochettes*

■ Retirez le pédoncule des maras des bois et lavez-les. Sur chaque pique, enfilez 1 fraise, 1 fraise Tagada et 1 marshmallow. Servez aussitôt.

POUR 20 BROCHETTES
PRÉPARATION : 10 MIN
CUISSON : 10 MIN
DIFFICULTÉ : TRÈS FACILE
COÛT : BON MARCHÉ

Brochettes moelleux chocolat et framboises

- *60 g de beurre + 15 g pour les moules*
- *100 g de chocolat noir corsé*
- *80 g de cassonade*
- *1 sachet de sucre vanillé (facultatif)*
- *25 g de farine*
- *2 œufs entiers*
- *125 g de grosses framboises*
- *20 piques à brochettes*
- *1 plaque antiadhésive de moules à mini-moelleux*

■ Préchauffez le four à 200 °C (th. 6-7). Dans une casserole, faites fondre le beurre à feu doux. Ajoutez le chocolat. Quand le mélange est homogène, ôtez la casserole du feu, ajoutez le sucre et la farine, puis les œufs, l'un après l'autre, en mélangeant soigneusement.

■ Beurrez les moules et versez-y la pâte. Enfournez pour 10 min de cuisson. Laissez ensuite refroidir au réfrigérateur avant de démouler.

■ Juste avant de servir, enfoncez sur chaque pique 1 framboise, 1 mini-moelleux et 1 framboise.

POUR 20 BROCHETTES
PRÉPARATION : 20 MIN
CUISSON : 10 MIN
DIFFICULTÉ : TRÈS FACILE
COÛT : BON MARCHÉ

Brochettes financier et fraises

- *3 gros blancs d'œufs*
- *90 g de beurre*
- *25 g de farine*
- *100 g de sucre*
- *75 g d'amandes (ou de noisettes) en poudre*
- *150 g de fraises mara des bois*
- *20 piques à brochettes*
- *1 plaque antiadhésive de moules à mini-financiers*

■ Préchauffez le four à 190 °C (th. 6-7).
Montez les blancs d'œufs en neige très ferme.
Dans une casserole, faites fondre le beurre et laissez-le chauffer quelques minutes à feu doux. Mélangez la farine, le sucre, les amandes en poudre. Ajoutez le beurre fondu. Terminez en versant les blancs d'œufs et en mélangeant délicatement.

■ Versez la pâte dans les moules et enfournez pour 10 min de cuisson. Laissez ensuite refroidir au réfrigérateur avant de démouler.

■ Juste avant de servir, enfoncez sur chaque pique 1 fraise, 1 financier et 1 fraise.

POUR 20 BROCHETTES
PRÉPARATION : 20 MIN
DIFFICULTÉ : TRÈS FACILE
COÛT : BON MARCHÉ

Brochettes glaces et sorbets

- *6 glaces et sorbets différents : coco, fraise, vanille, ananas, chocolat et café, par exemple*
- *6 fraises*
- *6 framboises*
- *6 cerises*
- *6 mirabelles*
- *2 tranches d'ananas*
- *1 kiwi*
- *Des morceaux de noix de coco fraîche*
- *20 piques à brochettes*

■ Plusieurs heures avant le dessert, façonnez des boules de glaces et de sorbets à l'aide d'une petite cuillère à glace (pour des boules de la taille d'une noix). Disposez-les sur un plat et placez au congélateur.

■ Nettoyez et épluchez les fruits. Sur les piques, enfilez les petites boules de glaces ou de sorbets en alternant avec des fruits. Servez aussitôt avec de la chantilly ou de la sauce au chocolat si vous êtes gourmands.

VARIANTES

D'autres combinaisons sont possibles en utilisant des cerises, des myrtilles, des cassis…

POUR 20 BROCHETTES
PRÉPARATION : 20 MIN
CUISSON : 10 MIN
DIFFICULTÉ : TRÈS FACILE
COÛT : BON MARCHÉ

Brochettes saramadeleine et mûres

- *2 œufs*
- *150 g de beurre*
  à température ambiante
  + 15 g pour les moules
- *150 g de cassonade*
- *100 g de farine*
- *1 sachet de sucre vanillé*
- *Le zeste de 1 citron vert*
- *125 g de grosses mûres*
- *20 piques à brochettes*
- *1 plaque antiadhésive*
  de moules à madeleines

■ Préchauffez le four à 200 °C (th. 6-7). Séparez les blancs des jaunes d'œufs et montez les blancs en neige. Fouettez le beurre et la cassonade. Ajoutez la farine, les jaunes d'œufs, le sucre vanillé, le zeste et terminez en mélangeant délicatement le tout avec les blancs d'œufs.

■ Beurrez les moules et versez-y la pâte. Enfournez pour 10 min de cuisson. Laissez ensuite refroidir au réfrigérateur avant de démouler.

■ Juste avant de servir, enfoncez sur chaque pique 1 mûre, 1 madeleine et 1 mûre.

CONSEIL

Vous pouvez aromatiser ces madeleines avec du citron, de la pâte de pistache ou du cacao.

Table des recettes

Vous vous êtes régalé ?
Découvrez vite le reste de la collection !

Apéros dînatoires

Chocolat, moelleux & fondants

Cocottes & cassolettes

Tiramisu, pana cotta & cheesecakes

Verrines & finger food

Macarons & gourmandises

Easy cook

Pasta, riz & risottos

Tajines & couscous

Cuisine bon marché

4,95 €
Seulement

bon app' à tous !

Crédits photographiques :
© Amélie Roche : pp. 5, 7, 9, 13, 15, 17, 83, 85, 87, 89, 91, 93, 95, 97, 99, 101, 103, 105, 107, 109, 111, 113, 115, 117, 119, 121, 175, 179, 181, 185.
© Alexandra Duca : pp. 2, 19, 21, 23, 25, 27, 29, 31, 33, 35, 37, 39, 123, 125, 127, 129, 131, 133, 135, 137, 139, 141, 143, 163, 165, 167, 169, 171, 173.
© Natacha Nikouline : pp. 41, 43, 45, 47, 49, 51, 53, 55, 57, 59, 61, 63, 65, 67, 69, 71, 73, 75, 77, 79, 81, 145, 147, 149, 151, 153, 155, 157, 159, 161, 186.

Cet ouvrage reprend les titres *Brochettes*, *Bricks, croustillants et feuilletés* et *Tapas et bouchées*, parus dans la collection PPH Cuisine aux Éditions Hachette Pratique.

Pour l'éditeur, le principe est d'utiliser des papiers composés de fibres naturelles, renouvelables, recyclables et fabriquées à partir de bois issus de forêts qui adoptent un système d'aménagement durable. En outre, l'éditeur attend de ses fournisseurs de papier qu'ils s'inscrivent dans une démarche de certification environnementale reconnue.

Direction : Jean-François Moruzzi
Direction éditoriale : Pierre-Jean Furet
Responsable éditoriale : Anne Vallet
Collaboration rédactionnelle : Ghislaine Danan-Bénady, Thomas Feller, Elisa Vergne
Conception de la maquette intérieure et de la couverture : Marie Carette
Réalisation de la couverture : Marie Carette
Réalisation : Les PAOistes
Correction : Mireille Touret
Fabrication : Amélie Latsch
Responsable partenariats : Sophie Morier au 01 43 92 36 82

© 2010, HACHETTE LIVRE (Hachette Pratique)
Dépôt légal : janvier 2010
23-05-8093-02-9
ISBN : 978-2-0123-8093-6

Imprimé en Italie par Stige